数字とファクトから読み解く
地方移住プロモーション

Urban-Rural Migration Promotion

国際大学グローバル・コミュニケーション・センター 研究員／講師

人 著

学芸出版社

はじめに

限界集落、東日本大震災、地方創生、新型コロナ禍──過去約20年の間に地域と関連して注目を集めたトピックの傍には、いつも「地方移住」「移住者」の存在がありました。特に、2010年代半ばの地方創生以降は、国と自治体が一体となって大都市、特に東京圏からそれ以外の地域への移住を政策的に増やそうと試みる移住促進施策が加速拡大しました。

しかし現在、移住促進をめぐっては様々な課題やトラブルも顕在化しつつあります。詳細は省きますが、2023年は地方移住に関するいくつかのニュースが世間の関心を集めました。例えば、福井県池田町が広報誌に載せた「池田暮らしの七ヵ条」における表現に対する批判、地域おこし協力隊として活動した男性の移住失敗に関するYouTube動画が数百万回再生され話題を呼んだ事例、高知県土佐市で元地域おこし協力隊の男性が経営するカフェが地元住民と対立し内情をSNSに投稿した結果、インターネット上で炎上した事例など、記憶にある方も多いのではないでしょうか。

これらのニュースやできごとを、個人の責任や地域固有の問題として片付けることは簡単です。しかし、それらに多くの媒体を通じて関心が集まった背景には、国や自治体による政策的な移住促進の加速拡大があると考えられます。

現在、大都市を除き大半の自治体が何らかの形で移住促進に取り組んでいます。地域おこし協力隊も、受入可能自治体1千461団体の約80%にあたる1千164自治体で、約7千2百人の隊員が活動するまでになっています。日本は自治体の移住促進施策が一般化し、世界で最も地方移住を促している国であると言って間違いありません。

人口の東京一極集中や地方における人口減少、少子高齢化、それに伴う人手不足などのさまざまな課題を解決する象徴的な存在として、国や自治体が移住者に大きな期待をしています。そして地域によっては、その期待どおりに成果も現れています。

一方で、過度な期待や理想の高まりは、ときに目の前の状況を〝正しく〟認識する妨げになります。多くの地域が移住者に期待し、移住者を増やそうと躍起になる中で、見落とされていることがあるかもしれないのです。

そこで本書では、『数字とファクトから読み解く　地方移住プロモーション』と題し、移住促進に何らかの形で関わったり、地方移住に関心を有したりする方々に向け、地方移住と移住促進施策を見つめ直し、より良い取り組みを実現するヒントを提示しようと試みました。

本書のアプローチは少し変わっています。移住促進を扱った書籍や新聞雑誌の記事などでは、取り組みの成功事例や失敗事例を取り上げることが一般的です。それに対し本書では、事例紹介よりも、地方移住を取り巻くさまざまなデータやキーワードを軸に据え、地方移住と移住促進という現象について、多面的に再検討しました。その中では、それらの現象をめぐる〝当たり前〟の認識を数多く問い直しています。皆さんに代わって、地方移住と移住促進施策に関するさまざまな前提や常識を一度立ち止まって振り返り、時代と状況に合った移住促進施策を実現するための考え方を整理した一冊になっています。

本書は大きく3つのパートから構成されています。

ＰＡＲＴ１「移住促進の「当たり前」を問いなおす」では、地方移住と移住促進施策をめぐる常識を捉え直します。例えば、ＩターンとＵターンはどちらが多いでしょうか。金銭的な移住支援は本当に広く有効なのでしょうか。今は本当に〝地方移住ブーム〟なのでしょうか、「関係人口から移住へ」という流れは推し進めるべきなのでしょうか。これらの〝常識〟を疑うことで、当たり前のように捉えられがちな通説の良い側面と注意すべき側面を知り、適正な距離で付き合えるようになるはずです。これは、政府や他地域の動向に間違った影響を受けたり、地域として目指すべき方向性を見失ったりしないためにも大切なことです。

PART 2「キーワードからみる地方移住と移住促進の最前線」では、近年よく聞くようになった移住関連語句や、学術的な議論で登場する用語を糸口に、移住促進の現状と課題を明らかにします。新しい語句の登場は、特定の移住パターンに注目を集め、集中的な移住促進を促す役割を果たします。これまでは支援・促進の対象ではなかった人が対象になることで、移住支援の幅が広がる可能性もあります。一方で、新しい語句とそれに関連する施策への関心の高まりは、ときに移住をめぐる機会の格差を拡大したり、政策としての正当性や効果が疑わしい取り組みを流布したりすることにもつながります。このパートは事典のように読めるので、気になる項目から読んでみてください。

PART 3「フェアで持続可能な移住促進に向けたアプローチ」では、行政にとっても移住者にとっても、そして地域にとってもフェアで持続可能な移住促進を実現していくための考え方や方法を示しています。どうすれば過度な自治体間の移住者獲得競争から抜け出せるのか。移住促進では量と質のどちらに着目すべきか。KPIに振り回されない移住促進はどのように実現できるか。移住者と地域住民のトラブルを防ぎ乗り越えるためにはどうすればよいか。こうした、実践的でありながら根本的な論点を扱っています。すでに行っている取り組みと照らし合わせながら読んでみてください。

最後に、本書は一貫して「フェア」という視点を軸に据えています。フェアは、日本語で「公正」や「正当な」などと訳されます。一見、大げさで堅苦しいと思われるかもしれません。しかし今日、地方移住をめぐる政策・施策においては、格差や不平等性の高まりが散見されます。端的に言えば、地域にとって「移住してほしい」移住者や、政府が「移住させやすい」移住者への支援が厚くなる一方で、「移住したいのに移住できない」、「自分は移住者だと思っているのに支援の対象にならない」「なぜ、特定の人だけ支援の対象になるのか」といった声として課題が現れているのです。２０２４年8月に、政府が結婚をきっかけに地方移住する女性への支援金制度を新設する計画に対して、批判が相次ぎ事実上撤回する方針に至った事例などは象徴的でしょう。

移住政策は、政策の歴史の中では比較的新しいものです。何をもって「移住」なのか、移住政策とは何なのか、政策的に移住を促進する・支援することの正当性はどこにあるのか、といった根本的な議論が未だ十分になされていません。本書は、「フェア（公正）」という言葉に加え、地域にとっても政策に関わる人々にとっても、移住希望者や移住者、そして将来世代にとってもWin-Winな取り組みを目指すという意味で「持続可能」という言葉を入れました。せっかく取り組むのであれば、過度な競争によって疲弊したり、政策によって新たな課題やトラブルが生じたりしないものを実現すべきです。「フェア（公正）」という言葉には、こうした筆者の思いを込めています。この思いが、具体的な論点と方法を伴って読者の皆さんに伝わることを願っています。

２０２４年12月
伊藤将人

PART 01

移住促進の「当たり前」を問いなおす

01-01

「いま、地方移住がブーム」ではなく、「30年以上前から地方移住への関心は高い」

いま、地方移住はブームなのか？

「いま、地方移住がブームです！」「近頃、地方移住が人気です」――この本を手に取った読者の皆さんであれば、こういった言説は何度も見たことがあるでしょう。しかし果たして、地方移住は本当にいまブームなのでしょうか？　ブームだとすれば、それはいつ頃からなのでしょうか？　ブームだからと言って、その波に乗って移住促進施策に力を入れてよいのでしょうか？

「ブーム」とは、ある物事がにわかに注目を集め、急速に人気の対象となることを意味する言葉です。〝地方移住がブーム〟と言うときには、大きく3つのパターンが考えられます。1つ目は地方への転入者数や移住者数（01-02参照）が急速に、もしくは一時的に増加すること。2つ目は地方移住に関する記事やコンテンツが人気を集めたり、増加したりすること。3つ目は「地方移住がブーム」といった旨の言説が各種メディアに登場することです。ここでは2つ目と3つ目について検証してみましょう。

移住関連の図書や新聞記事は2010年代中頃から2020年代前半に急増

図表1は、地方移住を扱った図書数をグラフ化したものです。[注1] 「地方移住」に限ると、2010年代後半から数が急増していることが読み取れます。一方で地方移住に類する他のキーワードも見てみると、最も多く登場している「田舎暮らし」が1990年代後半から、「Iターン」や「Uターン」は2000年代から2010年代にかけて増えていることがわかります。

一方、新聞における移住関連記事の増減を調べ

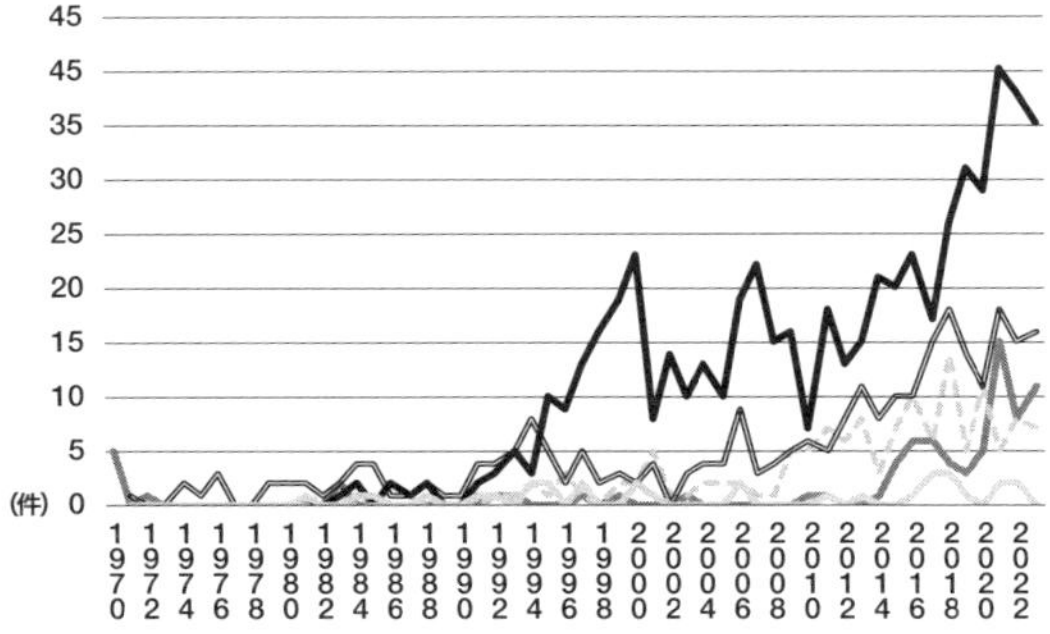

【図表1】地方移住に関連するキーワードを扱った図書数の推移
出典：筆者作成

注1：国立国会図書館サーチを使用し、地方移住、田舎暮らし、Iターン、Uターン、Jターンの5つの語句を含む図書を検索した結果。

た研究によると、日本では1970年代以降断続的に移住関連記事が登場し始め、現在まで波を描きながら右肩上がりで記事数が増加してきました。特に、団塊の世代の大量退職に期待が高まった2007年前後、まち・ひと・しごと創生（地方創生）が始まった2014年、2015年頃、そして新型コロナウイルス感染症のパンデミックが起きた2020年、2021年頃に記事数が急増しました。[注2] しかし関連図書と同じく、関連記事もキーワードによって増減の程度は異なります。

これらの結果から、移住関連図書・記事は、キーワードによって増減や関心の程度に違いがあり、ブームと呼べるかもキーワードによって異なるという結論が導き出せます。

30年以上続く「地方移住がブームです」言説

異なる角度からも地方移住ブームを検証してみましょう。筆者が専門とする社会学には、〝社会的な事象や出来事は、人々から独立して客観的に存在しているわけではなく、言語や表象によって媒介され構築されている〟とする「構築主義」という考え方があります。つまり、「地方移住がブームです」という言説自体が、地方

注2：伊藤将人「戦後日本における地方移住政策の登場と変遷―政策的移住促進というアイディアと人材としての「移住者」への期待―」一橋大学大学院社会学研究科博士論文.

移住ブームを構築している側面があるのではないか、ということです。

図表1などから、2010年代以降は地方移住への社会的な関心がとても高い時期であることがわかりました。それ以前は、**図表1**の通り地方移住と関連する記事数は相対的に少ない状況でした。ではその間、特に2000年代までは「いま、地方移住がブームです」といった言説は存在しなかったのでしょうか？

結論から言うと、そんなことはありませんでした。**図表2**は、1986年から2009年までの

1986年	「かつての別荘ブームとは一味違う「田舎暮らし」が、ひそかな人気」NEXT,1986.7
1990年	「「田舎別荘族」、そこに定住してしまう「移民族」、郊外に農地をもって家庭菜園を開く「ウィークエンドファーマー」などが静かなブーム」旅の手帖,1990.12
1991年	「都会脱出 田舎暮らしがトレンディー？」アビタン,1991.10
1992年	「世は田舎ブームで活況を呈している」サンデー毎日,1992.5.31
1993年	「今日ほど、都会人の田舎暮らし自慢を頻繁に聞かされる時代はない」SPA,1993.9.8
1994年	「田舎暮らしが、今また注目されている」SPA!,1994.5.25
1996年	「都市から地方へ移り住むIターンが静かなブームを呼んでいる」宝島,1996.7.24
1997年	「静かなブーム「脱東京」」Uターン人生の幸福度！」アサヒ芸能,1997.1.16
1998年	「昨今は田舎暮らしブームだといわれている」プレジデント,1998,11
1999年	「いま、何度目かの「田舎暮らし」ブームだという」アサヒグラフ,1999.2.12
2000年	「田舎暮らしブームの謎」Voice,2000.7
2001年	「都会を離れ、自然の中での暮らしを選ぶ人が増加中」オレンジページ,2000.8.17
2002年	「都市から田舎へ、老後の住み家を求めての移住は、実はすでにひそかなブーム」Yomiuri Weekly,2002.7.14
2003年	「定年後に移住する人たちが跡を絶たない。」Yomiuri Weekly, 2003.2.23
2004年	「ブーム！いま、沖縄移住者が注目する夢の島」週刊ポスト,2004.8.6
2005年	「最近は田舎暮らしがブーム」実話GONナックルズ,2005.10
2006年	「現在、田舎暮らしが大人気である」週刊ダイヤモンド,2006.10.28
2007年	「南の島への移住ブームが起きている」広告,2007
2009年	「今、「地元に戻って働きたい」人が増えているらしい！」non・no,2009.5.20

【図表2】 2010年以前の主な雑誌における「地方移住ブーム・人気」に関連する特集記事
出典：筆者作成

約20年間に、地方移住ブーム・人気を取り上げた雑誌記事の一部を整理したものです。１９９０年以降毎年のように地方移住や田舎暮らしがブーム・人気であると伝える記事が存在していたことがわかります。用いられるキーワードは「田舎暮らし」「移住」「脱東京」「移民族」「Ｉターン」など変化していますが、ニュアンスはほとんど同じです。「静かなブーム」「ひそかな人気」など程度を表す言葉とセットでブームや人気という言葉を使ってでも、記事にする商業的価値やニーズがあると判断されていたことがわかります。

「地方移住ブーム」を疑い議論と検討を重ねるべき

私たちは、つい安易に「いま、地方移住がブームです」と言ってしまいます。雑誌の言説の分析から明らかな通り、日本では過去数十年にわたり地方移住がブームであると言われ続けてきました。移住促進に取り組む際には、本当にいまブームなのか、エビデンスと解釈が多様な「ブームである」という言説や感覚を根拠にどこまで促進すべきなのか、常に議論と検討を重ねていくことが必要です。

これに対して、「移住ブームは良いことなのだから水を差すな！」という意見もあるかもしれません。ここで多面的な見方を示したのは、過去に不正確・不確実な地方移住ブームの到来を国が予測し、過剰な期待が外れたことがあるからです。[注3]

２００７年前後の「団塊の世代の大量移住」がその一例です。「２００７年前後に団塊の世代の大量移住が生じなかったのは、定年延長や移住促進策の失敗が原因」が通説でした。

しかし実態は、地方移住への関心は確かに高かったものの、むしろ「大量移住」という期待が過剰だったと考えられます。信頼性の低い一面的な調査結果や予測に基づく楽観的な議論が広がり、見かけ倒しの「ブーム」が生じたに過ぎなかったのです。地方自治体の中にはこのときに移住促進施策を初めて実施したところも多くありましたが、期待とは異なる結果を受けて落胆したところもありました。限られた予算と時間と人員で取り組む事業だからこそ、「地方移住ブーム」に振り回されないことが重要なのです。

注3：伊藤将人「なぜ団塊世代の地方移住は積極的に促進されたのか―国の研究会報告書における移住促進言説の正当化／正統化戦略に着目して―」『日本地域政策研究』2023、31: 40-49.

01-02 具体的に移住を検討・計画している人はわずか2%⁉

増え続ける移住相談者数

「移住相談者数」や「移住相談件数」は、移住促進施策の成果や国民の地方移住への関心を測る定番の指標です。移住促進施策の主なKPI（Key Performance Indicator：重要業績評価指標）として多くの自治体で採用されており、移住相談者数の増加は施策の効果を測ると同時に、取り組みを正当化する根拠としても用いられています。

認定NPO法人ふるさと回帰支援センターが毎年公表している移住相談件数は、その規模と歴史から信頼性の高い指標です。[注1] 2023年（令和5年）の結果によれば、新規のセンター窓口相談者が8千164人、セミナー参加者は1万7百人でした。重複を除けば、窓口相談とセミナー参加は同程度であると考えられます。2008年からの移住相談件数の推移を示した**図表1**からは、新型コロナのパンデミックが

注1：認定NPO法人ふるさと回帰支援センター「2023年の移住相談の傾向、移住希望地ランキング公開」2024、https://www.furusatokaiki.net/wp/wp-content/uploads/2024/03/webnews_furusatokaiki_ranking_2023.pdf

生じた２０２０年を除くとおおむね右肩上がりで推移していることが読み取れます。特徴としては、近年のオンライン環境の整備もあり、２０２０年代以降は「面談・セミナー参加等」と「電話等問合せ」の差が大幅に縮まっていることが挙げられます。

相談者の内訳からは、男女差が縮まってきていること、20代以下と30代の相談者が約45％を占めている一方で、過去2年は年配層の移住相談者数が若干増加傾向にあることなどが明らかになっています。

２０００年代中頃まで、団塊の世代の退職に伴う移住が注目されていましたが、それ以降は若年層の移住への関心の高まりが指摘されてきました。こうした長期的な動向は変わらない一方で、相対的には近年、年配層の移住相談割合が微増傾向にあることは注目すべき点でしょう。

他のデータもみてみましょう。２０２２年（令和４年）度の各都道府県及び市町村の移住相談窓口等における相談受付

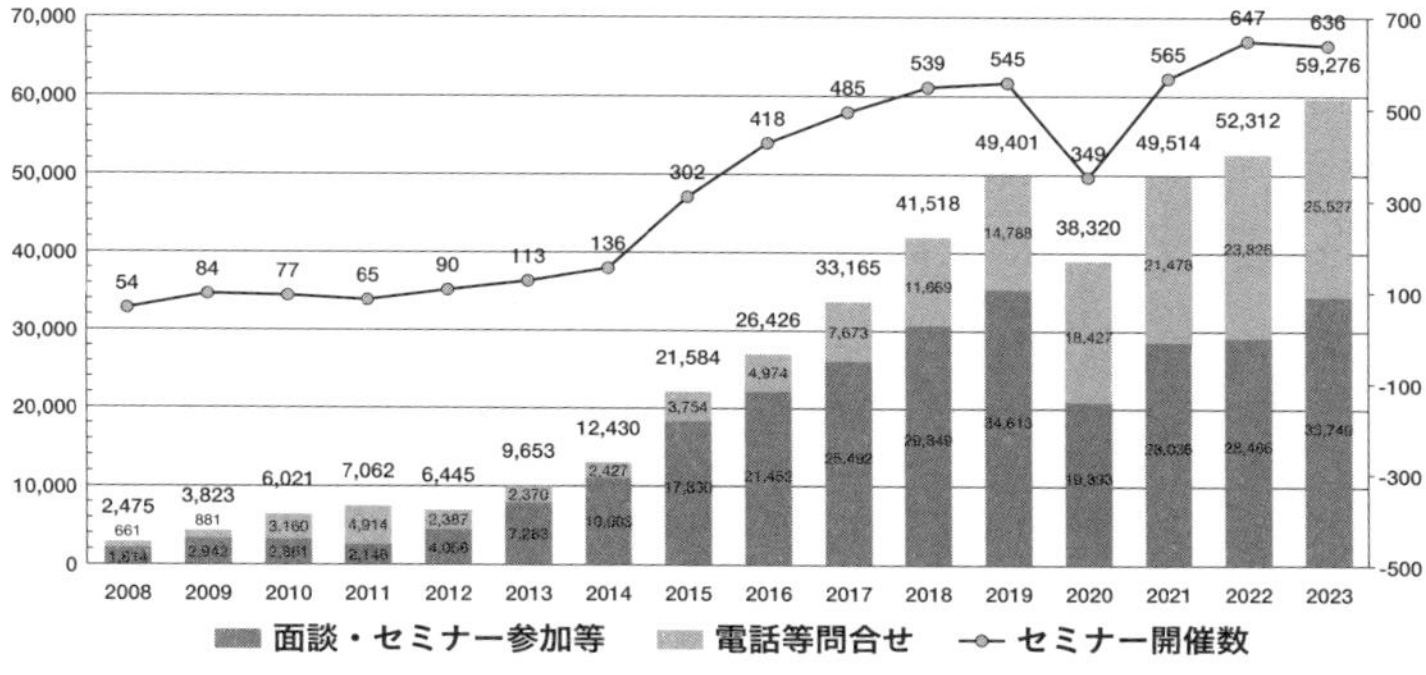

【図表1】ふるさと回帰支援センターにおける移住相談件数の推移（2008-2023）
出典：ふるさと回帰支援センター、2024、https://www.furusatokaiki.net/topics/press_release/p50278/

件数によれば、[注2]相談件数が全体で約37万3百件（窓口：約30万5千件、イベント：約6万5千3百件）となっています。**図表2**をみると、移住相談件数が多いのは北海道や福島県、長野県、兵庫県、静岡県などです。全体の相談件数は、地方創生が本格化した2015年度（平成27年度）と比較すると、約2・6倍になっています。

具体的に移住を検討・計画している割合は2％程度

過去10～15年程度のデータから、移住相談数は増加傾向にあることがわかりました。ここで気になるのは、移住に関心がある人のうち、どの程度が具体的に移住を検討し行動しているか、です。

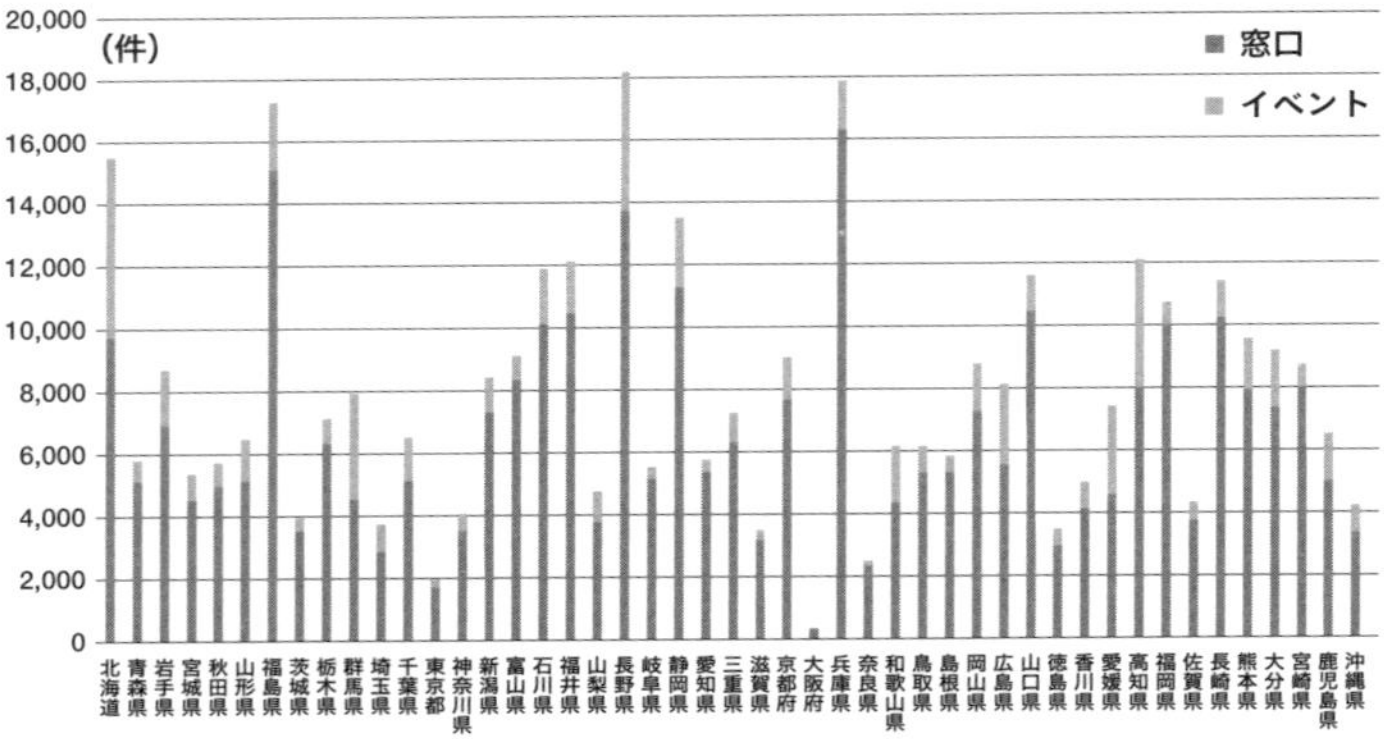

【図表2】 移住相談窓口等で受け付けた相談件数の都道府県別比較

出典：https://www.soumu.go.jp/main_content/000912268.pdf

注2：移住相談窓口等において受け付けた相談件数、
https://www.soumu.go.jp/main_content/000912268.pdf

ふるさと回帰支援センターが２０２１年に１都３県（東京都・神奈川県・千葉県・埼玉県）に在住の20～74歳の男女、1万5千人を対象に行った調査結果によれば、首都圏都市部の生活者のうち「転居・移住に関心がある」人は24・2％、移住先として地方を想定している人が12・3％、地方移住に関心がある人が６・４％、そして地方移住を具体的に計画している人は２・１％でした[注3]。

図表3は、この調査における地方移住関心者の詳しい割合です。地方移住への関心は若年層で相対的に高いこと、全体的に男性のほうが女性よりも関心が高い傾向にあり、こうした傾向は50代以上で顕著です。また、具体的に計画している割合も若年層で高く、20－30代の男性、20－30代の女性、50代の男性、40代の男性、60－74歳の男性の順に計画の割合が高いことが読

	回答者数	計	現在の生活圏での生活を続けることに違和感を持つことはある	転居・移住に関心がある	転居・移住を具体的に計画している
全体	15000	12.3%	3.7%	6.4%	2.1%
男性20-30代	2523	16.0%	3.7%	8.1%	4.2%
男性40代	1757	15.0%	4.8%	8.1%	2.0%
男性50代	1511	14.7%	5.4%	6.8%	2.6%
男性60-74歳	1846	9.5%	2.9%	5.5%	1.1%
女性20-30代	2405	13.4%	3.0%	7.0%	3.3%
女性40代	1646	11.6%	4.2%	6.8%	0.6%
女性50代	1394	9.8%	4.2%	4.7%	0.8%
女性60-74歳	1918	6.5%	2.4%	3.5%	0.6%

【図表3】 性年代別にみた1都3県における地方移住の関心者の割合と関連度合いの内訳

出典：認定NPO法人ふるさと回帰支援センター（2021）。1都3県の人口に性年代構成比を合わせて回収されている

注3：認定NPO法人ふるさと回帰支援センター「首都圏の地方移住希望者は推計309万人」2021、https://www.furusatokaiki.net/wp/wp-content/uploads/2021/10/webnews_20211008_furusato_questionnaire.pdf

み取れます。

別の調査結果もみてみましょう。内閣官房が2020年（令和2年）に行った移住等の増加に向けた広報戦略の立案・実施のための調査によれば、1年以内または条件が整えばすぐに、ほぼ決めている地域への移住を考えている層は、東京圏在住者（20〜59歳）のうち2・2％、地方圏出身者で3・9％、東京圏出身者で1・7％となっています。[注4] 移住相談者数が増えていることから、移住者も大幅に増えているのかと思いきや、首都圏在住者の約75％は転居や移住に必ずしも関心がなく、移住に向けた具体的な行動を起こしたり計画したりするのは2％台に留まっているのです。

こうした実態を正しく把握せず、「地方移住希望者は急増しているのではないか」「大都市在住者の多くが地方移住したいと思っている」という認識を持ってしまうと、施策の方向性や具体的な事業の検討にあたって誤った判断につながるため注意が必要です。近年は、地方移住への社会的・政策的な関心の高まりを受け、官民問わずさまざまな調査結果が公表されています。それらの中には、紹介してきたような大規模かつ信頼性の高いものから、企業のプロモーションの一環で過度に期待を煽《あお》ったり、自社のサービス展開に都合の良い数値のみ公表したりしているもの、統計的に問題があるものも多々あります。量的なエビデンスの重要性が強調される

注4: 内閣官房 まち・ひと・しごと創生本部事務局「移住等の増加に向けた広報戦略の立案・実施のための調査事業 報告書〜」2020、https://www.chisou.go.jp/sousei/pdf/ijuu_chousa_houkokusho_0515.pdf

昨今だからこそ、逆にそれを疑ってみること、多角的に統計調査の結果を検討することが、より正しい認識のためには重要です。

移住者数と転入者数

移住をめぐる指標で誤って認識されやすいのが、「移住者数」と「転入者数」の違いです。現在、半数以上の都道府県は、独自に移住者を定義し、毎年測った結果を公表しています。しかし、そこで計測・公表される「移住者数」と、他都道府県から転入した人数を指す「転入者数」は、考え方や測り方、傾向が大きく異なっています。

その違いは、移住者数と転入者数を比較した**図表4**を見れば一目瞭然です。移住者数が多い都道府県と転入者数が多い都道府県は、人数の規模も傾向も大きく異なっています。移住者数では愛媛県や山口県、島根県が多く、転入者

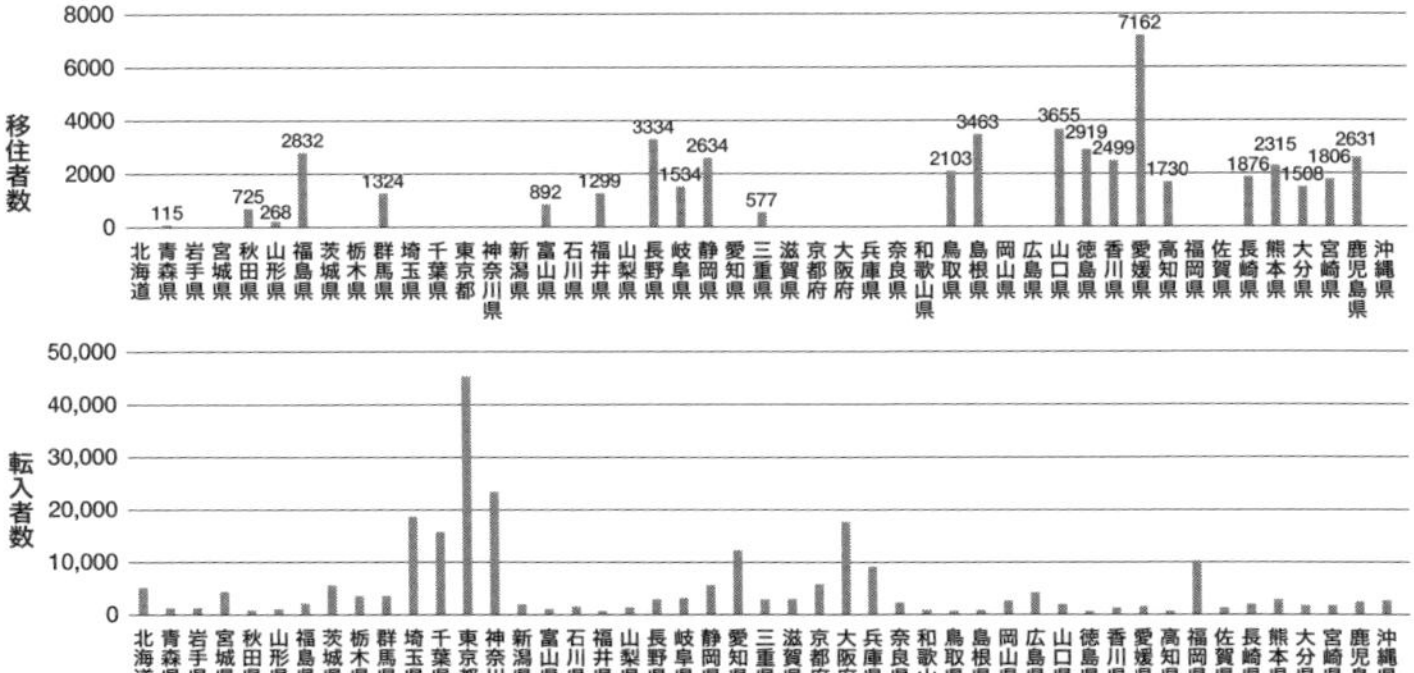

【図表4】 都道府県別にみた移住者数と転入者数の比較（2022年度）

出典：各種報道記事や成果速報をもとに筆者作成

数では、東京都や大阪府、神奈川県が多くなっています。三大都市圏を除いても、移住者数上位と転入者数上位は必ずしも一致しません。

移住促進業務を担当している自治体担当者にとっては、定義により数字のマジックが生じることは当たり前かもしれませんが、一般的には〝移住者数＝転入者数〟と捉えられがちです。そのため、新聞等が「移住者数が過去最多」「移住者数が全国でもトップクラス」などと報じると、あたかも地方に大量の人が移住しているかのような印象を与えてしまうのです。地域の人も巻き込んで移住促進を展開していく際には、移住をめぐる数字の正しい読み方や語句の定義、測り方の計算式やプロセスなどを共有していくことが大切です。たとえ結果が振るわなかったとしても、計測したデータがあるのであれば誠実に公表していくこと、移住者や移住相談者数を増やすことが強調されすぎた移住促進施策とならないようにすること（03－04参照）が、中長期的には重要なのです。

01-03 実は50年変わらない、移住希望割合と「仕事」というネック

移住希望と、仕事関連の悩み

国や自治体が「移住希望者の増加」を推し進める一方で、実際には希望者全員が移住するわけではありません。各種調査では、移住する人の数が思うように伸びない最大の原因として「仕事」が指摘されています。[注1]

一般社団法人移住・交流推進機構が2018年（平成30年）に実施した調査[注2]では、仕事関連・人間関係関連・情報不足関連・コスト関連のうち、移住を妨げている要因として「仕事関連」を最も多くの人が挙げています（**図表1**）。

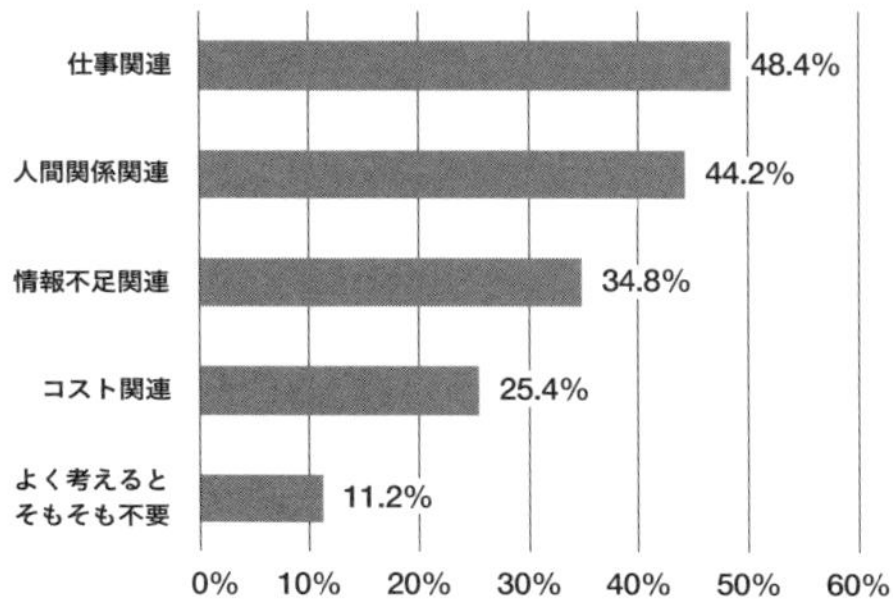

【図表1】 地方移住に興味のある既婚若年層の地方移住を妨げる要因

出典：一般社団法人移住・交流推進機構（2018）

注1: 本稿は、KAYAKURA掲載記事「移住促進を阻む地方の「仕事不足」- 過去40年のデータから考察 -」を基に大幅に加筆修正したものです。

注2: 一般社団法人 移住・交流推進機構「「若者の移住」調査【結果レポート】」2017、https://www.iju-join.jp/material/files/group/1/JOIN_report_201710.pdf

全回答者のうち48・4％、約2人に1人が仕事関連の理由で移住が妨げられていると回答しています。この調査は主に若者を対象にしたものですが、働く世代についてはおおむね同様の傾向があります。

ここまでは、地方移住を取り巻く課題として比較的知られている話です。しかし過去にさかのぼって、移住希望と、移住希望を妨げる仕事について調べてみると、意外な事情が浮かび上がってきます。

約50年前と変わらない!? 地方暮らしを望む人の割合

過去の移住希望と仕事をめぐる状況を知るために、毎日新聞社の記事検索サービス「毎索《マイサク》」で、地方移住に関する過去の記事167本を調べてみました。その中でも特に古い時期の記事である1979年7月4日の東京版朝刊には、「東京圏住民、働き口あれば半数以上が地方ＯＫ－国土庁調査」という見出しが載っていました。

記事の内容を要約します。旧国土庁が1979年7月にまとめた大都市住民の地方定住意識調査によると、地方に住みたい人は東京圏出身者で12・5％、地方出身者で39・4％いることが明らかになりました。さらに、「収入や働き口があれば」

の条件付きで地方に移ってもよい人は、東京圏出身者で20・8%、地方出身者で23・3%となり、当時、4－5割の人が条件付きを含め地方に移住してもよいと考えていたことが明らかになりました。

実は「新型コロナの影響で地方移住への関心が高まった」と言われる昨今の調査でも、これらとさほど変わらない結果が出ています。新型コロナ禍の真っ只中に内閣官房が実施した調査[注3]によれば、東京圏在住者20－59歳の49・8%が「地方暮し」に関心を持っており、地方圏出身者のほうが東京圏出身者よりも関心が高い結果となりました。つまり、約50年前の日本でも、調査によっては、現在と同程度、大都市在住者が地方暮らしを望んでいたと言えるのです。この結果は、多くの人にとって意外に感じられるのではないでしょうか。

過去と相対化することで、「移住希望者が4割いるから、今こそ移住促進すべき」や「移住希望者が約5割になった、これは時代の転換点だ」という直線的な発想が必ずしも唯一の正解でないことがわかります。同時に、移住希望者を把握することの曖昧さや、移住希望者の多寡を判断することの難しさがわかります。

決して、今の移住希望者数が少ないと言いたいのではありません。現代を生きる私たちが「増えている」「減っている」と短期的な視点で捉えて一喜一憂するより

注3：内閣官房まち・ひと・しごと創生本部事務局「移住等の増加に向けた広報戦略の立案・実施のための調査事業 報告書」2020、https://www.chisou.go.jp/sousei/pdf/ijuu_chousa_houkokusho_0515.pdf

も、中長期的な視点で移住の成果や希望の推移をみていく必要があることをここでは伝えたいのです。

「仕事があれば地方移住する」と答える人の割合も変化なし

移住を妨げる「仕事」についても過去と比較してみましょう。

2017年に、都市在住で企業に勤務する30代から50代の男女正社員を対象として、企業が地方移住の支援を行う場合の地方移住志向について、大正大学地域構想研究所が調査しました。その結果によれば、[注4]企業の支援、つまり仕事の支援が得られるのであれば、「地方移住をしたい」あるいは「地方移住を検討したい」という都市勤務者が44%いることが明らかになっています。こうした層が、新型コロナ禍のテレワーク促進や一部企業の地方移住奨励によって移住したことがうかがえます。

過去の動向もみてみましょう。前述の1979年の国土庁の調査結果に戻ると、「収入や働き口があれば」の条件付きで地方に移ってもよいとする人は、東京圏出身者で20・8%、地方出身者で23・3%、計44・1%でした。

2つの調査結果の狭間にある時期については、日経産業消費研究所が1990年

注4: 大正大学地域構想研究所「企業支援による地方移住に関する調査」2017、https://chikouken.org/wp-content/uploads/2017/12/shiryou20171208.compressed-1.pdf

4月に同様の趣旨で実施した調査結果もみてみましょう。[注5] 首都圏の2千人を対象に「仕事さえあれば、首都圏を離れて地方都市に住みたいか」と聞いたところ、男性は54%、女性は43%が肯定的に回答しました。

同所消費経済研究部は結果について、「男性は現役で働いている間は通勤ラッシュなどで苦労の多い首都圏からの脱出志向が強いが、社会から退く年齢になるにつれ〝いまさら地方でもない〟という気になるのだろう」「女性は年をとったらのんびりとした地方でという気持ちが出るようだ」と考察しています。

これら3つの調査結果は、設問や回答の選択肢に多少のずれはあるものの、全ての時期で、仕事さえあれば地方移住したい、あるいは地方移住を検討したいと考えている人が4-5割程度は常に存在していたことを示しています（**図表2**）。

この約50年の間に、働き方や雇用をめぐる状況は大きく変わりました。交通網が発展し地域間の移動がしやすくなり、インターネットやパソコンの普及で業務は大幅にデジタル化し、2000年前後にはSOHOやノマドといった言葉が注目を集めるようになりました。さらに、男女の雇用機会均等が目指され、女性の社会進出が進み、フリーランスの活躍も推進されてきました。

日本の働き方や雇用をめぐる状況は、技術的に大きく発展し、雇用形態も非正規

注5：　日本経済新聞、1990年7月2日付

雇用の増加や長時間労働問題はありながらも、多くの課題が改善されてきました。しかし結局、地方移住の障壁はいつの時代も仕事であり、50年前よりも飛躍的に働き方の自由度が高まり、移住しやすくなったと思われるにもかかわらず、それでも半数が移住を妨げる要因として仕事関連を挙げているのです。

経済思想家のカール・マルクスやその思想を研究する人々の言葉を引くまでもなく、生産性の向上と資本の増殖を目指す資本主義においては、絶えざる技術革新は労働時間を減らさず、労働を楽にすることもなかなかありません。[注6] また、いつの時代も大都市との比較で地方が評価されるため、都市的な価値観で判断すると、〝希望する〟仕事がないという状況が生じます。これらが、いつの時代も仕事が地方移住の障壁であり続けてきた、そして現在進行系で障壁であり続けている理由でしょう。生成AIがいくら発達しても、急速にデジタルトランス

実施年	1979	1990	2017
実施主体	国土庁	日経産業消費研究所	大正大学地域構想研究所
調査対象	東京駅を中心に半径30kmに住む20－65歳の男性世帯主944人	首都圏の20－60代、2000人の男女	東京、大阪、愛知に住み、従業員300人以上の企業に勤務する30－50代の男女正社員1055人
調査設問と回答割合	44.1%が「収入や働き口があれば」との条件付きで地方に移ってもよいと回答	48.5%が「仕事さえあれば、首都圏を離れて地方都市に住みたい」と回答	44%が、企業の支援、仕事の支援が得られれば「地方移住をしたい」「地方移住を検討したい」と回答

【図表2】 仕事と地方移住をめぐる調査結果の変遷
出典：筆者作成

注6：　白井聡『武器としての「資本論」』、2020、東洋経済新聞社.

フォーメーション（DX）が進んでも、「仕事」が地方移住の最大の障壁であり続けることは変わらない未来が予測できます。

換言すれば、だからこそ国や自治体、受入地域は、移住や定住促進を進めるためにテレワークやリモートワークが進んだ中であっても、地道にいかに雇用の場を生み出し確保し続けるかを考え、政策的に「仕事」の創出と支援をしていく必要があるのです。仕事や働き方を選ばず、自由に働けたり起業できたりする人は、まだまだほんの一部です。この層を取り合うことは、本書全体で解説してゆく通り、過度な自治体間の移住者獲得競争の火種となってしまうのです。

01-04

見落とされがちな〝移住をやめる〟背景

これまで把握されてこなかった、地方移住をやめるという選択

政策上の議論で注目されるのは、そのほとんどが「地方移住を開始」するときの話題です。すなわち、いつ移住希望が芽生えたか、決意してからどのくらいの期間で移住したいのか、移住時にどのような支援を活用したのか、などなど。

しかし地方移住に限らず、人間の移動は、始まりと終わりが明確なものばかりではありません。ある地域での暮らしが始まったと思ったら、子どもの成長段階に応じて別の地域での暮らしに移行したり、毎日生活すると思って住み始めてみたら、週に2日は実家と行き来しないといけなかったりします。移住とは循環するものであり、案外、曖昧なものなのです。

そう考えると「地方移住をやめる」ことに直面する可能性もあるはずです。移住

先の地域が合わなかった、家庭や仕事の都合で別の地域に移らないといけなくなった、嫌なことがあって地域を離れたくなった、ほかにもっと魅力的な地域と出会ったなど、理由はさまざまです。

地方移住後の生活の中断は当たり前に生じることです。しかし、現在の政策上の構造では、転出者よりも転入者、地域を去った人よりも移住してきた人への関心が高くなる傾向があり、移住をやめた人たちに関する知見は十分に蓄積されてきませんでした。転入要因は調査しているけど、転出要因は調査していないという自治体は多いはずです。去っていく人よりも訪れる人のほうが把握しやすい面もあるでしょう。

しかし、例えば地域の人口を維持するという観点でみれば訪れる人も去っていく人も重要ですし、地域で暮らす個人の幸福や生活の満足感という点でも、住み続けたい人が住み続けられる地域を実現することは重要です。「来る者は拒まず去る者は追わず」を大切にする地域は強いですが、去りたくないのに去る者がいたり、そもそも去る者の姿が見えていなかったりする場合は、その実態を把握することも移住促進のあり方を考え直すうえで重要です。

性別によって異なる移住の中断要因

来る人にばかり関心を持ち、地方移住をやめる人に関心を持ってこなかったのは研究現場も同じです。しかし、近年、地方移住をやめる人を対象とした調査研究が登場しつつあります。[注1] ここからは、地方移住をやめた人を多数調査した、社会心理学者の加藤潤三《じゅんぞう》氏と前村奈央佳《なおか》氏の研究成果に沿って、[注2] 地方移住をやめる、つまり「地方移住の中断」要因の実態をみていきましょう。加藤氏らは、移住を中断した人（移住中断者）を、地方移住の継続を自らないし家族の意思で中断した個人と定義しています。

調査で有効な回答を得た移住中断者145名の性別は男性が72名、女性が73名、平均年齢は47歳、職業は会社員が46・9%、婚姻状態は既婚者が67・6%、子供の有無は有りが62・8%と報告されています。男女の人数にほぼ差はありませんが、男性は仕事や地元・親元のこと、体調面や悩みなど心身の健康状態、都市との考え方や感覚の違いが主な移住の中断要因となっている一方で、女性は自分の家族のことや友達のなさ、排斥など人間関係に関する要因、生活の利便性のなさ、結婚や離婚、子どもといったライフイベントに関する要因が移住の中断と関連していること

注1: 宇都宮千穂、「移住促進政策と「移住の失敗」の実態調査」2017-2023、https://kaken.nii.ac.jp/ja/grant/KAKENHI-PROJECT-17K02118/ など。

注2: 加藤潤三・前村奈央佳「地方移住をやめるとき～計量テキスト分析による移住の中断要因の検討～」『立命館産業社会論集』2023、59(3): 55-72.

が明らかになりました（**図表1**）。

これを移住支援施策に活かすならば、性別に応じて移住後の暮らしをめぐる悩みや葛藤が異なる傾向にあることを前提に、適切な支援先を紹介したり、コミュニティとつないであげたりといったケアが効果的だと思われます。

移住期間によっても異なる中断要因

つづいて、地方移住をしていた移住期間と中断要因をみてみます。調査の回答者が地方移住していた期間の平均月数は54・1カ月、移住期間が1年以内の人が17・5％、2年以内の人が24・1％でした。つまり、4割以上は2年以内に地方移住を中断しており、3年以内だと半数以上、5年以内だとその割合は7割を超えていました。この結果について「短い」と感じる方も多いのではないでしょうか。

さらに2年以内、3－5年以内、6年以上に分類して、詳し

男性の移住中断要因	女性の移住中断要因
仕事関連	家族や友人関連
地元・親元関連	排斥など人間関係関連
体調面や悩みなど心身の健康関連	生活の利便性関連
都市との考え方や感覚の違い関連	結婚・離婚・子供などライフイベント関連

【図表1】 男女別の移住中断要因の傾向

参考：加藤潤三・前村奈央佳（2023）「地方移住をやめるとき～計量テキスト分析による移住中断要因の検討～」『立命館産業社会論集』59（3）：55-72.

くみてみましょう。地方移住して間もない2年以内の中断者では、仕事や生活の不便さ、地域の物理的・文化的環境の相違が中断要因となっています。移住から一定期間が経過した3－5年以内の中断者では、家族の事情やライフイベントの変化が中断要因に、そして6年以上の、地方移住して比較的長い時間を暮らした人は、人間関係の悩みや、長いことといるにもかかわらずよそ者扱いされたり、その場所に慣れないなど、社会生活の問題が中断要因となっています。

移住中断後にもともといた地域に戻る人は65・5％

加藤氏らの研究結果から、地方移住の主な中断要因は**図表2**のように整理できます。特に仕事を要因とした人や、地元や実家、親元に戻ることを要因とする人は多く、移住の中断後に移り住んだ地域についても、回答者のうち65・5％がもともといた地域に戻っており、別の地域の都市に移動した人は24・1％、別の地方に移動した人は10・3％にとどまることが明らかになっています。

ここで紹介した調査結果は、全国の移住中断者145人の回答を基にしたものでした。移住をやめる理由は属性によって大きく異なり、様々でありながら、転出や移住の中断についてはほとんど調査がないのが実態です。量的に転出の動向を追うだけでなく、その理由や背景もあわせて尋ねるような調査を行うことによって、地域の移住促進をめぐる視野が広がったり、移住後のケアの重要性が見えてきたりします。ぜひ、移住中断者の実態把握もしてみてはいかがでしょうか。

- 地元・親元へ戻る決断
- 仕事や生活におけるストレス
- 都市と地方のギャップ
- 家族のライフステージの変化
- 慣習の相違と排斥
- 交通機関の不便さ
- 人間関係
- 悩み（トラブル）の結果
- 将来を考えて

【図表2】地方移住を検討していた人が検討を中断した主な理由
出典：加藤・前村（2023）を参考に筆者作成

01-05

コロナ禍が地方移住に与えた3つの影響

新型コロナウイルス感染症拡大の衝撃

世界的に猛威をふるった新型コロナウイルス感染症の拡大は、地方移住をめぐる状況に対して大きな影響を与えました。パンデミックから約5年が経った今、コロナ禍が地方移住に与えた様々な影響（中には、過度な期待や楽観的予測もあった）を改めて振り返ることは、近年の移住促進をめぐる動向を整理し、そのポイントと反省点を把握する上で欠かせません。今節では、数あるコロナ禍の影響のうち、移住促進に関わる人が知っておきたい3つの項目を取り上げます。

コロナ禍に移住者が増えた自治体は2割にとどまる

２０２１年（令和３年）に、一般社団法人移住・交流推進機構が実施した「コロナ禍の自治体移住調査」は、コロナ禍と自治体による移住促進の関連性をわかりやすく描き出しています。[注1]

まずは、「パンデミックによって移住相談・移住者が増えた」という説について検証します。調査結果では「移住相談、問い合わせが増えた」が43・6％、「移住者が増えた」が21・8％に対して、移住相談や移住者数の増減をめぐり「特に変化はない」と回答した自治体が55・0％でした（**図表1**）。

この結果から、移住者の増加という点でコロナ禍の恩恵を受けた自治体は半分以下もしくは一部に限られ、実は半数以上の自治体では、コロナ禍でも移住動向の変化がなかったことがうかがえます。コロナ禍は移住相談会や移住定住イベントへの出展開催も難しかったり、移動の自粛が要請されたりしたため、実態よりも低く数値が出ている可能性もあります。しかし、こうしたデータ

移住相談、問い合わせが増えた	43.6%
移住者が増えた	21.8%
特に変化はない	55.0%
転出者が増えた	12.5%

【図表1】 自治体におけるコロナ禍の移住相談・移住者の増減
出典：一般社団法人移住・交流推進機構（2022）

注1：一般社団法人移住・交流推進機構「令和2年度 コロナ禍の自治体移住調査 報告書」2022、https://www.iju-join.jp/f-join/R2_research.pdf

は、つい私たちが口にしがちな「コロナ禍で移住者が増えたよね」という肌感覚が、必ずしも広く当てはまらない可能性があることを教えてくれます。

企業による地方移住容認と促進の現れ

第二に、コロナ禍の特徴として挙げられるのが、大企業による地方移住促進や移住容認の拡大です。長年、移住促進をめぐっては仕事が最大の問題であると言われてきました。これは、自治体側だけでなく、移住を希望する人々にとっても同様です。コロナ禍は東京一極集中のリスクを顕在化させると同時に、テレワークやリモートワークなど働き方の選択肢を拡大しました。その結果として、いくつもの大企業が従業員の地方移住を促す取り組みを始めたことは、大きな変化でした。

２０２１年、電気通信事業大手のＮＴＴグループは、リモートワークを基本とした勤務形態を、国内で働く全グループ社員を対象に導入すること、加えてサテライトオフィスを全国２６０箇所以上整備することも発表しました。[注2] 同年、大手コンサルティングファームのＥＹ新日本監査法人などのＥＹジャパングループは、所属部署の承認や目的の明確性を条件に、テレワークによる従業員の地方移住を支援

注2: NTT「リモートワークを基本とする新たな働き方の導入について」2022、https://group.ntt/jp/newsrelease/2022/06/24/220624a.html.

注3: 日本経済新聞「EYジャパン、従業員の地方移住で新制度」2021、https://www.nikkei.com/article/DGXZQODZ174930X10C21A2000000/

する制度を導入しました。注3 さらに2022年、IT大手のヤフー株式会社は国内の従業員約8千人に対する居住地の制限を原則撤廃し、4月1日から国内ならどこでも居住可能にすると発表して、午前11時までに出社できる距離に居住という条件を撤廃しました。注4

こうした大企業の動きは、国内外のどこに住んでも仕事ができる人の増加に直接的に寄与すると同時に、大企業による率先した動きでテレワークやリモートワークに伴う地方移住という選択肢が広まる機運が醸成されました。こうした動きは、過去に東京圏からの転出者数が増加した平成不況時や東日本大震災時にはみられなかったものであり、コロナ禍がもたらした新たな動向だと言えるでしょう。

ただし、2024年（令和6年）現在、一時期のテレワークやリモートワークの解禁に伴う地方移住という選択肢は、ピーク時よりも狭まりつつあります。例えば、首都圏企業の直近1年間のテレワーク実施率は、2021年（令和3年）の36・2%から2023年（令和5年）には28・0%へと減少しています。注5 自治体は、テレワークやリモートワークによって働ける移住者へのアプローチと同時に、従来と同じく、地域内で働ける機会を創出するための事業者の誘致や支援に、引き続き力を入れていくことが重要でしょう。この点については、転職なき移住に関する**02-10**も参照

注4: ヤフー株式会社「ヤフー、通勤手段の制限を緩和し、居住地を全国に拡大できるなど、社員一人ひとりのニーズにあわせて働く場所や環境を選択できる 人事制度「どこでもオフィス」を拡充、2022年1月12日、」https://about.yahoo.co.jp/pr/release/2022/01/12a/

注5: 国土交通省「令和5年度テレワーク人口実態調査」2024、https://www.mlit.go.jp/toshi/daisei/content/001735166.pdf.

ください。

都市周辺への移住の高まり

公正な移住促進のあり方を考える上で重要な、収入や職業に規定されるコロナ禍の社会階層と地方移住の関連性についてもみてみましょう。ここでは、地理学者の滕媛媛《とうえんえん》氏が、コロナ禍に東京都に居住する若者の移住意識に与えた影響を調査した結果に基づいて議論を進めます[注6]。

滕氏による調査の結果、ある傾向が明らかになりました。それは、コロナ禍において、高収入・正規雇用・テレワークが可能な人は移住意識が生じやすい一方で、低学歴・収入減少・不安感のある人も移住意識をもちやすい傾向にある、というものです。この結果は、地方移住のある実態を示しています。それは、移住希望者の二極化傾向です。以降では、前者を「社会経済的安定層」、後者を「社会経済的不安定層」と呼ぶことにします。

滕氏の調査結果からは、コロナ禍において新たに地方移住意識が生じた若年層の人々には、2つの異なる動機づけ・メカニズムがあるといえます（**図表2**）。

注6：滕媛媛「コロナ禍が東京都に居住する若年層の移住意識に与える影響」『季刊地理学』2021、73(4): 250-263.

「社会経済的安定層」は、パンデミックにより可能となった新たなワークスタイルや、大都市の論理に消費されないオルタナティブなライフスタイル、自己実現の場を求めて移住意識を高めたと言えるでしょう。同時に、社会経済的安定層は大都市、主に東京圏とつながり続けることで享受できる社会的、経済的メリットも大きいため、調査では都市圏への移住を志向する傾向がみられました。「コロナ禍の移住は、実は大都市圏周辺に人々が動いただけ」と言われるのは、こうした層の動きに起因すると考えられます。

それに対して、「社会経済的不安定層」は、学歴に起因する雇用状況や働き方の不安定さ、収入が減少したことによる大都市での物価高や家賃高などによる金銭的厳しさ、これらに起因する不安や暮らしの不安定さによって移住意識を高めたと言えます。コロナ禍に留まらず、今日の経済状況は社会的に弱い立場に置かれた人たちにとって、より厳しい状況となりつつあります。

例えば、筆者がコロナ禍に岩手県の自治体で地域おこし協力隊を対象に行なった

社会経済的安定移住者層	社会経済的不安定移住者層
・社会階層が相対的に高い（高収入・高学歴）	・社会階層が相対的に低い（低収入・低学歴）
・安定した雇用（正規雇用）	・不安定な雇用（非正規雇用）
・テレワークが可能（高い可動性）	・身体性を伴う労働（テレワークが不可能）
・自己実現や持続可能なライフスタイルを志向	・漠然とした不安感を有する

【図表2】社会経済的な安定度からみた2つの移住者層とその特徴
出典：筆者作成

調査[注7]では、収入が相対的にみて少ない隊員ほど、「協力隊制度が無ければ移住していなかった」と回答しています。協力隊のような制度は、現在の日本社会において、地域協力活動に携わることで若年層の一定期間の暮らしと収入を確保する点で、移住政策や地域政策であるだけでなく、主に社会経済的不安定層の若年層を対象とした「福祉政策化」している側面もあるのです。

まとめると、移住者・移住希望者の社会経済的側面に焦点を当てると、コロナ禍に、その属性が二極化しつつあることが浮き彫りになり、かつその傾向が加速した可能性が浮かび上がります。そして、地方移住への関心の高まりは一概に社会的に善い動向とは肯定できず、自己責任思考が高まる新自由主義社会において、社会的に弱い立場に置かれた人たちの生きるための消極的な選択肢にもなりつつあることがわかるのです。このように、移住促進施策について議論する際には、経済状況や社会階層といった側面にも着目する必要があることを、コロナ禍はわたしたちに教えてくれたのです。

注7: 伊藤将人「地域おこし協力隊制度の分析によるモビリティと政策の関連性の一考察―Kaufmannのモティリティ概念アクセス・スキル・認知的専有に着目して―」『一橋社会科学』2023、15: 53-62.

01-06 そもそも国はなぜ移住を促進するのか

国による地方移住促進の歴史は1990年代から始まった

現在の地方移住をめぐる政策状況を考える上で、国の方針や論理を理解することは欠かせません。移住促進はもともと地方自治体レベルで始められた取り組みですが、1990年代頃から国も本格的に乗り出し、2000年代以降現在までは移住促進の加速・拡大路線を歩んできました。現在の日本における地方移住をめぐる政策状況は、国と地方自治体による一体的かつ総合的な体制にあると言えます。

では一体、国の方針や論理はどのように変化してきたのでしょうか。現在に至るまでの経緯を振り返ってみましょう。[注1]

注1: 伊藤将人「戦後日本における地方移住政策の登場と変遷―政策的移住促進というアイディアと人材としての「移住者」への期待―」2023の内容を基にしています。

１９７０年代〜１９９０年代：過疎化や労働人口対策として移住促進を始める

政策的に地方移住を促進するという政策アイディアが登場したのは、１９７０年代初頭です。大都市における過密や公害問題を背景に、脱都会のムーブメントが高まりました。そうした中で主に当時の労働省や自治省が、Ｕターン人材の確保や過疎問題の解決策として、地方移住をめぐる実態調査などに取り組み始めました。

１９７０年代後半になると、「地方の時代」というスローガンの下、地方から都市への人口流出を食い止めようとする「定住構想」が打ち出されました。実際、１９８０年の国勢調査では１９７５年から唯一、東京都だけが人口減少自治体となり、地方回帰の兆候が認められました。しかし、１９８０年を境に再び東京圏の集中化傾向が見られるようになります。国はＵ・Ｊターン移住の促進や農業人材確保の取り組みを行なうようになったものの、それ以前と比較して大きな政策の変化はありませんでした。

転機となったのは、地方分権改革が叫ばれ、バブル経済の崩壊で平成不況が社会を襲った１９９０年代です。１９８０年代中頃から熊本県をはじめ一部の都道府県が移住促進を本格化するに伴い、国も動きを活発化させていきました。国土庁が都市－農村交流や地方定住促進を実施し、農林水産省も新規就農者の移住促進を後押しする制度を充実。さらに建設庁は大都市部の地価高騰対策として地方への移住や定住を促進するなどしました。この頃までの国の方針は、地方定住の促進と産業対策のための移住促進という性格が強く、現在のような地域活性化や地域振興のための移住促進という発想の色はまだ薄い状況でした。

2000年代：省庁連携による一体的な移住促進と団塊の世代の移住促進

1990年代末から2007年頃になると、1つの重要な出来事・現象が生じます。それが、団塊の世代を中心とする中高年層の移住促進を軸に、現在まで続く国と地方自治体が一体的に移住促進に取り組む体制が整っていくことです。

この時期に団塊の世代や中高年層、ときにはリストラ世代を呼ばれた人々の地方移住への関心が高まった要因の1つに、農林水産省の新規就農者調査がありました。この調査によって、バブル崩壊以降、40歳以上の新規就農者や、60歳以上の新規就農者が1990年代中頃から5割前後を占めるようになり、若年層と比較して顕著に増加傾向となったのです（**図表1**）。

また同時期には、農山漁村文化協会が発行する雑誌「現代農業」（1998年2月増刊号）が、定年退職者を農村地域に呼び込むトレンドを「定年帰農」という言葉とともに特集したところ、8万部以上を販売して、農業雑誌としては異例の大ヒットを記録しました。

こうした中で、国も中高年層を主な対象に国策としての移住促進を活発化させます。1998年に策定された国土計画「21世紀の国土のグランドデザイン」において、U・J・Iターン促進など政策的移住促進が明確に国の方針として位置づけられました。また、政策群の再編と重点化によって、2002年から推進されていた都市と農山漁村の共生・対流の推進（農水省など6省庁）を旗印に、省庁横断的な移住促進が展開されるようになったのもこの頃です。さらに国土交通省が「二地域居住」を推進しはじめ、自治省も自治体による地方への移住定住促進を後押しする制度を設置し、その後総務省となってからは新たに「交流居住」を押し出すなどしま

	統計（人）	60歳以上（人）	60歳以上比率
1994	38,800	18,400	47%
1995	48,000	24,600	51%
1996	50,900	24,700	49%
1997	56,700	28,600	50%
1998	64,200	31,600	49%
1999	65,400	14,900	23%
2000	77,100	44,800	58%
2001	79,500	43,000	54%
2002	79,800	42,500	53%
2003	80,200	42,300	53%
2004	81,100	42,200	52%
2005	78,900	40,300	51%
2006	81,030	38,800	48%
2007	73,460	36,070	49%
2008	60,000	27,800	46%
2009	66,820	33,580	50%

【図表1】 新規就農者数とそれに占める60歳以上の人数・比率の推移

出典：農林水産省「新規就農者調査」

した。こうした動きの多くは、２００７年に団塊の世代の大量退職で生じると見込まれた大量移住に向けたものでした。しかし結果的に、団塊の世代の大量移住は生じず、また日本社会の人口構造も転換期を迎えたため、２０００年代末になると移住促進の主眼が変わることになります。[注2]

２０１０年代：国民的な運動としての移住促進体制へ

２０００年代末から２０１０年代は、団塊の世代を中心とする中高年層をターゲットとした移住促進から、若者や子育て世代をターゲットとする移住促進へと変化しました。背景には、本格的な人口減少社会への突入、東日本大震災に伴うボランティアや地域を超えたつながりへの関心の高まり、「地方創生」の旗印により若年層の地域貢献や地域活性化への意識が醸成されたことなどがあります。２０００年代末に創設され、その後拡充拡大が図られた農林水産省の「田舎で働き隊！」や総務省の「地域おこし協力隊」はその象徴でしょう。

人材としての移住者への期待の高まりと、量的な拡大。その裏側には、過疎地域において、従来の「事業型支援」ではない「人的支援」の有効性が確認されつつ

注2：伊藤将人「なぜ団塊世代の地方移住は積極的に促進されたのか―国の研究会報告書における移住促進言説の正当化／正統化戦略に着目して―」2023、31: 40-49.

あったこと、[注3]農山村において外部人材を導入し、地域のマネジメントを支えるような仕組みが必要という声とともに、「補助金」から「補助人」へというスローガンが叫ばれ始めたことなどがありました。[注4]

2014年、2015年になると地方創生の基本方針の1つに「地方への人の流れをつくる」ことが掲げられ、国策としての移住促進はついに政権が最重視する取り組みの1つとなりました。象徴的だったのが、2015年に策定された「第二次国土計画」に含まれる一文「地方移住、二地域居住、二地域生活・就労等を支援するための体制を充実させるとともに、国民的な運動を展開し、積極的に促進する」です。「国民的な運動」という強い言葉とともに、移住促進をはじめとする地方への人口移動が明記されました。歴史上、最も強く地方移住を政策的に促進しようと試みる体制が成立したのです。戦後日本の国土計画において、国が移住促進を正当化するためにどんな論理を採用してきたのかをまとめた伊藤（2023）によれば、「過疎化や人口減少の克服」「産業人材不足・外部人材の活用」が一貫した論理として採用されてきたと同時に、2010年代以降は「人口の東京一極集中の是正」「地域活性化・地域づくりの推進」「田園回帰の後押し」も移住促進と関連して語られてきたことがわかります[注5]（**図表2**）。国は都市や地方農村の様々な課題を解決す

注3：田口太郎「「人的支援」による地域再生の可能性〜地域おこし協力隊の成果と課題」『住民行政の窓』2016、430: 3-14.

注4：小田切徳美「地域づくりと地方自治体」2017、https://www.soumu.go.jp/main_content/000562267.pdf

注5：伊藤将人「戦後日本の国土計画における地方への移住促進言説の変遷〜全国総合開発計画－第二次国土形成計画の分析より〜」『計画行政』2023、46(2): 46-53.

る多面的な方法として、地方移住・移住者への期待を高めていると言えるのです。

こうした政策上の文脈を経て、２０２０年代以降は新型コロナウイルス感染症拡大の影響を受けてテレワークやリモートワークによる「転職なき移住」などが推進されています（02-10参照）。また、人口減少が加速度的に深刻化していること、地方創生から10年を経た反省と振返りを踏まえ、自治体間の移住者獲得競争を克服することが重要になっています。

以上が、国による移住促進をめぐる歴史の大枠です。歴史的な整理から①国による政策的な移住促進は過去数十年間にわたって拡充拡大路線を歩んできたこと、②各時代の課題や社会状況に応じて柔軟に移住促進の位置づけを変えてきたこと、③変化する中でも、過疎対策、人口減少の克服、人材活用といった一貫した目的があり続けてきたことがわかったかと思います。

	1962 全総	1969 新全総	1977 三全総	1987 四全総	1998 21GD	2008 一形成	2015 二形成
地方都市の人口増の兆し	×	×	○	×	×	×	×
過疎化・人口減少の克服	×	×	○	○	○	○	○
産業人材不足・外部人材活用	×	×	×	○	○	○	○
人口の東京一極集中の是正	×	×	×	○	×	×	○
地域活性化・地域づくり推進	×	×	×	○	○	○	○
田園回帰のあらわれ	×	×	×	×	×	×	○

【図表2】 国土計画における移住促進への重点の移り変わり
出典：伊藤（2023）

01-07

他国の移住促進事情から学べる「多様性」の視点

日本だけじゃない地方移住促進の取り組み

国や自治体が一体となった地方移住促進の取り組みは、「東京という世界最大の都市圏を有する日本独自の動向」や「少子高齢化と地方の過疎化が加速する日本ならでは」といった表現で説明されることがしばしばあります。

ただ実際には、同じ東アジアの韓国や中国、台湾、モンゴル、そして一部のヨーロッパの国々などでも類似する取り組みが行われています。他国の取り組みの中には、日本を参考にしたものがある一方で、その方法や考え方で日本が学ぶべき点も多々あります。

韓国における移住促進は若者を革新の主体と捉える時代へ

韓国は、国や地方自治体が積極的に移住促進を展開している国の1つです。韓国で地方移住が社会的、政策的に関心を集めるきっかけとなったのが1997年(平成9年)の通貨危機です。同時期の法改正なども相まって、都市で働く人たちが早期退職を余儀なくされたり、雇用が不安定化したりした結果、地方への移住や就農を選択し、政策的に促されるようになりました。つまり、就労支援としての移住促進が展開されました。

その後、日本で団塊の世代の移住促進が盛り上がった時期と同じ2000年代半ばには、多くの地方自治体で移住者への政策的支援の根拠となる条例・規則が制定され、都市住民誘致の動きが本格化しました。その後も日本の農林水産省に相当する農林畜産食品部などが政策的に移住を推進し、2020年代前半に至るまで、韓国では年間30万人から40万人の都市住民が地方に移住しているとされます。[注1／注2]

韓国ではこうした動向と取り組みを「帰農」や「帰漁」「帰村」と呼びます。**図表1**は毎年度、政府が公表する帰農・帰村人口統計の概要です。全国的に統計が整備され、実態がある程度詳細に把握できる状態にある点は参考になります。[注3] なお、

注1: 人口の流動性が日本に比して高い韓国では、一度農村に移住したものの、その後再び都市へ再移住するケースも珍しくなく、この数字は再移住者を差し引いていない点に留意する必要があります。縄倉晶雄「韓国の都市青年田舎派遣制—起業支援の一環としての農村移住政策—」『農村計画学会誌』、2022、41(3): 124-127.

注2: 大前悠「韓国における帰農現象の特徴—農村移住研究への新たな視座—」『村落社会研究』2013、19(2): 37-48.

注3: ただし、統計の集計方法を疑問視する指摘もあります。

図から2023年（令和5年）は帰農・帰業・帰村ともに前年よりも減少したことが読み取れます。

韓国では、出生率の低下や若年層のさらなる雇用不安の影響もあり、日本と同様に若年層の移住支援がより厚くなってきています。こうした中で、2017年に日本の農林水産省にあたる農林畜産商品部が青年創業農支援事業を開始し、2018年に日本の地域おこし協力隊制度にヒントを得た青年田舎派遣制が東部の地方政府である慶尚北道《キョンサンプクト》で創設されました。

青年田舎派遣制は、地域外の人材を積極的に受け入れ、地域で創業（起業）活動を行い、定住定着を図ることが目的の政策で、2年間の生活費や創業に関する活動費が一人当たり3百万円ほど支給されます。この制度はその後、青年創業・地域定着支援事業への名称を変更し、起業支援額を最大で従来

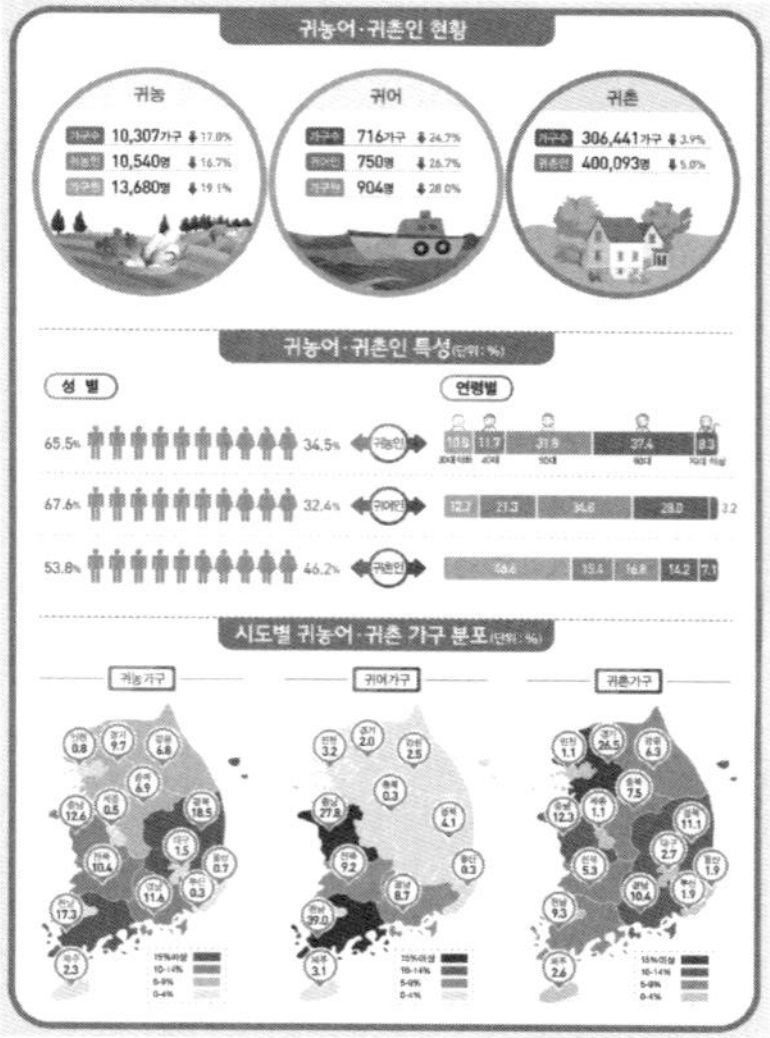

【図表1】2023年の韓国における帰農・帰業・帰村人口統計結果の概要をまとめたインフォグラフィック

出典：통계청「2023년 귀농어·귀촌인통계」、https://kostat.go.kr/board.es?mid=a10301010000&bid=11321&tag=&act=view&list_no=431474&ref_bid=203,204,205,206,207,210,211,11109,11113,11814,213,215,214,11860,11695,216,218,219,220,10820,11815,11895,11816,208,245,222,223,225,226,227,228,229,230,11321,232,233,234,12029,10920,11469,11470,11817,236,237,11471,238,240,241,11865,243,244,11893,11898,12031,11825,246

の1・5倍にするなどの財政措置が行われています。

韓国の地方移住研究を専門とする社会学者の金磐石《きむばんそく》氏によれば、近年の韓国における移住促進施策は、従来の農村での生活を強調し誘致を行うものから、起業や創業を押し出し、若者たちを地方と農業の発展を担う革新の主体として強調するものへと変化しています。[注4] こうした変化は日本と類似する部分がありますが、特に2010年代半ば以降のさまざまな取り組みは「若者支援としての移住施策」であったといえます。

日本でも2000年代末から若年層の移住が促進されてきましたが、それらは相対的にみて地方農山村の活性化や東京一極集中の是正を目的とする「地域活性化策としての移住施策」です。日本でも、国土や地方の開発・発展のために若者がいて移住促進があるのではなく、地域や国家の未来を担う若者のために移住促進があるというありかたに変化していくことが重要です。

ヨーロッパにおける移住促進と金銭的な支援

ヨーロッパの事例もみてみましょう。ヨーロッパでも政府や自治体による取り組

注4: 金磐石「韓国の帰農・帰村議論の青年への呼びかけ」、2018、日韓次世代学術フォーラム第15回国際学術大会.

注5: Portugal Government(2020)Applications for the Emprego Interior MAIS government measure are open、https://eportugal.gov.pt/en-GB/noticias/abertas-as-candidaturas-a-medida-emprego-interior-mais..

注6: Irish Examiner(2021)Our Rural Future: Rural Development Policy 2021-2025、https://www.gov.ie/en/publication/4c236-our-rural-future-vision-and-policy-context/.

みが展開されていますが、それらは日本や韓国のような国と自治体が一体となった総合的なものではなく、局所的な動きにとどまっているという表現が正しいでしょう。背景には移民の受入や少子高齢化をめぐる状況、都市の分散の程度、移動の権利や土地をめぐる考え方などの構造的な違いがあります。網羅的に施策を把握するには紙幅が限られているため、地方移住をめぐるいくつかの金銭的な支援に着目してみましょう。

例えばポルトガルは、地方移住する労働者が最大4千827ユーロの資金を申請できる制度を2020年に開始しています[注5]。アイルランドは2021年に、地方の活性化に関する政策の一環として、移住助成金や租税優遇措置を含む移住促進計画を発表しました[注6]。これらは政府による取り組みですが、自治体による支援も多数行われており、イタリア、スペイン、アメリカ、オーストラリア、ギリシャ、スイス、クロアチアなどで、地方移住への金銭的なインセンティブが政策的に提供されています[注7]。

注7：Victoria Masterson「地方への移住促進ー各国の取り組み、移住のインセンティブとは」、2022、WORLD ECONOMIC FORUM、https://jp.weforum.org/agenda/2022/04/jp-countries-paying-you-to-move-to-countryside/. Laura Begley Bloom「As Italy's Population Declines, More Towns Offer You Money To Live There」、2022、Forbes、https://www.forbes.com/sites/ceciliarodriguez/2022/11/24/as-italys-population-declines-more-towns-offer-you-money-to-live-there/?sh=2df1c07e111a/. Laura Begley Bloom「Move To A Beautiful Island: Ireland Will Pay You $92,000 To Refurbish A House」、2023、Forbes、https://www.forbes.com/sites/laurabegleybloom/2023/06/22/these-irish-islands-will-pay-you-92000-to-move-there/.

支援をめぐる誤報が生んだ差別と分断

このように多様な取り組みがある中で、２０２４年度から外国人の地域おこし協力隊採用を積極化させている日本にも参考になる事例として、アイルランド政府のプロジェクトOur Living Islandsの取り組みを紹介します（**図表2**）。

アイルランド政府は、離島の活性化政策の一環として、離島暮らしを望む人々に対して支援を行うこととしました。当初、多くのメディアは、国内の離島30島のいずれかに移住する人に最大で８万４千ユーロ、日本円で約１千３２０万円の補助金を支給することを政府が決定したと伝えました。

しかし、制度の情報が拡散される中で、関心の高さゆえにいくつかの誤報も生まれました。まず、この制度は新設されたものではなく、従来の補助金を拡大したものでしたが、あたかも新設された制度のように拡散されました。さ

【図表2】アイルランド政府による離島活性化政策
「Our Living Islands」のプロモーション動画
出典：https://www.gov.ie/en/policy-information/a7188-our-living-islands/

らに、制度の利用条件として定められた「移住希望者は1993年以前に建築され、少なくとも2年間は空き家となっている島内の不動産を購入等する必要がある」こと、そして「支給される補助金は改築や改修など建築工事にのみ使用する」ことなどは正しく伝わりませんでした。つまり、移住自体を奨励し促進するものではなく、中古住宅や空き家の改修を促す補助金であるにもかかわらず、移住すればお金がもらえるというニュアンスで伝わってしまったのです。

さらに、制度の対象者をめぐっても、本制度は誤報により一部で炎上や差別的発言を助長することとなりました。[注8] 〝夢のアイルランド離島暮らしが補助金ありで実現する〟というメディアの喧伝を曲解したインドのソーシャルメディアユーザーが「アイルランドは移民に移住料として8万ユーロ支払う」との誤情報を拡散した結果、アイルランドの反移民団体が「政府は外国人を優遇し、アイルランド人を差別している」とさらに誤った情報を拡散するに至ったのです。離島移住支援策が、特定の国の移民奨励策であるかのように誤って拡散され、さらに移民促進に反対する団体が誤情報をもとに政府やインド人を攻撃するという顛末になりました。

金銭的な移住誘導策は、その話題性も相まって誤った情報が拡散されやすいですが、日本に限らず海外でもそうした傾向があることを示しています。そして、関心

注8: Shane Raymond「FactCheck: The government is not offering tens of thousands to coax Indians to Irish islands」、2024、The Journal Fact Check、https://www.thejournal.ie/does-the-71-lakhs-scheme-exist-will-the-irish-government-pay-indians-to-move-to-islands-6289052-Feb2024/

が高い金銭的支援策は、制度が誤って伝わり、差別や根拠なき攻撃へとつながることがある一例でした。

移住促進が差別を助長しないために何ができるか

近年、日本でもSNS上などで「生活保護受給対象外国人のみが移住支援を地方移住支援金や空き家購入支援金を不当に利用している」「保守思想の強い自治体は移住支援金の対象を日本人のみとしているにもかかわらず、一部の自治体は反日的な移住支援を行っている」「日本人の地方移住はよいが、外国人の場合は筋が違う」「外国人を含む移住促進で地方が乗っ取られる」など、制度の誤解やそれに基づく差別的投稿が確認されています。日本よりも移民の割合が多いアイルランドの事例は、人口減少や少子高齢化が加速する中で、外国人住民にも地方の担い手となることを期待し移住促進に力を入れようとしている日本が気をつけるべき点や、国や自治体が施策の対象を定めたり情報を発信したりする際に気をつけるべきことが詰まっているように思われます。

01-08

移住へのキッカケとしてやっぱり重要な観光経験

始まりは、地域を知り関心をもってもらうこと

多くの人にとって、一生の中で接点ができて、足を運ぶ地域の数は限られています。ある調査によれば、47都道府県を全て訪れたことがある人（通過は含まない）は、6・3％に留まります。[注1] その中で、気に入り、縁ができて移住するということは、実はとても運命的なことです。

そのため、地方移住につながる0から1の行動は、とても重要な意味を持ちます。具体的には、テレビや新聞雑誌、SNSで特定の地域を認知したり、進学や出張、観光などで特定の地域を訪れたりすることがあるでしょう。

移住候補地として認知して足を運んでもらうために、移住パンフレットの発行、新聞雑誌やWebメディアへの広告掲載、移住セミナー等の開催を行う自治体が

注1：株式会社クリエイティブジャパン「旅行に関するアンケート」2020

増えていますが、一方で「地域を知り関心を持つ」きっかけは、必ずしも移住関連の情報やイベントだけではありません。そのため、より広く移住への門戸を開き、足を運んでもらえる可能性を高めるためには、他の施策と連動した移住促進を行う必要があります。

そこで着目するのが「観光」です。観光促進と移住促進の担当は別々という自治体も多いですが、「地域の枠を超えた来訪を促す」という点では、目指すところは重なります。また、移住者の多くは、観光を含め移住前に複数回その地域を訪問しています。[注2] つまり、移住への道筋として観光の機会を効果的に活かすことは、地方移住プロモーションの初期段階の鍵と言えるでしょう。さらに、0から地域への関心を醸成し誘致するのと比べて、すでに地域に足を運び雰囲気や魅力を知っている対象にアプローチをする点で、観光施策と連動した移住促進は無理がない、持続可能性が高い方法とも言えます。

観光での地域住民との交流時に移住情報を収集する人は33・7%

観光経験と地方移住の関連性については、様々な研究が行なわれ、その効果や有

注2: 小原満春「観光経験がライフスタイル移住の意思決定に与える影響:沖縄への移住者を対象としたM-GTA分析に基づく一考察」『日本国際観光学会論文集』2019、26: 99-107. 須藤直子「「沖縄移住」再考 - 観光客はいかにして「移住者」になるのか」『琉球・沖縄研究』2013、4: 138-161.

効性が論じられてきました。

農学者の包薩日娜《ほうさりな》氏らの調査によれば、[注3]首都圏在住の移住希望者1千人のうち、観光で地域を訪ね、地域住民との交流を通して移住に関する情報収集を行っている人は、33・7%でした（**図表1**）。

これは、首都圏開催の移住セミナーやチラシ・ポスター・パンフレットからの情報収集よりも高い割合でした。さらに、移住希望者のうち「移住する予定がある」人に限定すると、そうでない人よりも、観光で地域を訪ね、地域住民との交流を行うことを通して移住に関する情報収集を行なっている人が多いことが明らかになっています。

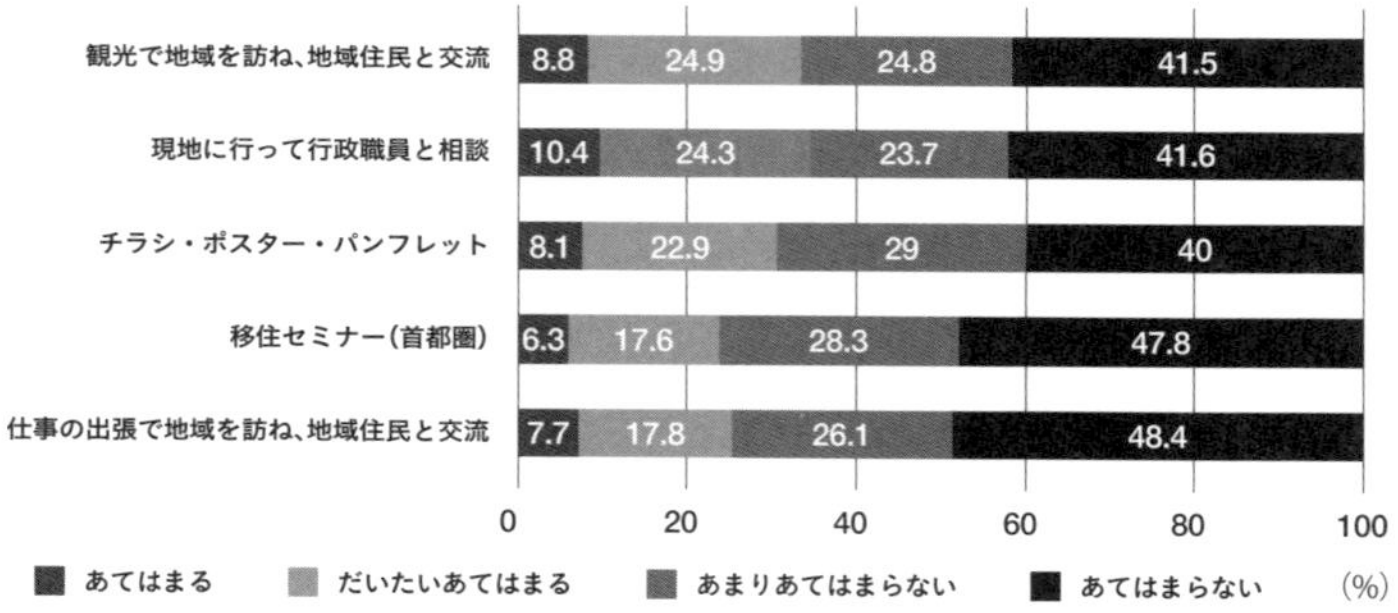

【図表1】首都圏在住の移住希望者が移住に関する情報収集に用いた手段とその割合
出典：包薩日娜・服部俊宏（2017）を参考に筆者が一部抜粋、作成

注3: 包薩日娜・服部俊宏「首都圏在住の移住希望者の移住情報収集行動：移住希望者へのweb アンケートに基づいて」『農村計画学会誌』2017、36: 209-216.

観光と移住をつなぐ、地域への肯定的な態度の醸成

観光学者の小原満春《おはらみつはる》氏は、観光経験と観光地への関わりが、地方移住に及ぼす影響を研究し[注4]、観光による訪問で現地交流を行なうことで、一時的な滞在訪問であっても地域への愛着が形成されうることを明らかにしました。一連の研究から、特にライフスタイル移住（**02–08**参照）において観光経験が影響することも明らかになっており、具体的には、観光経験中に「自分自身を見つめ直すことができた」「精神的に成長できた」「自分の生活や生き方について考えられた」というような、〝自己拡大〟と呼ばれる経験ができる取り組みを行うことがポイントであると指摘しています。

小原氏は観光や移住に関する国内外の膨大な研究を整理分析することで、観光経験と移住意図（移住したいと思う）に関する概念モデルを提示しています（**図表2**）。

モデルからは、「観光経験」と「移住意図」の間には、観光中から観光後の地域に対する肯定的な感覚の形成が重要であることがわ

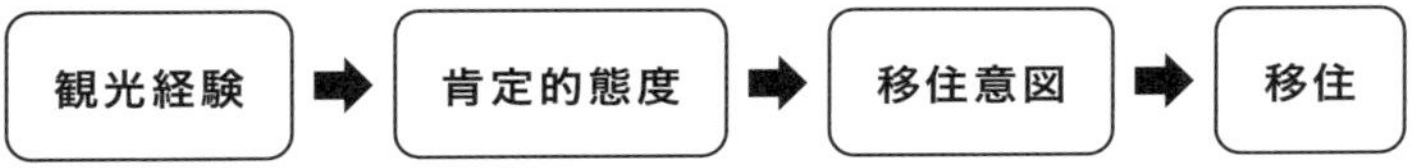

【図表2】 観光経験と移住意図に関するモデル

出典：小原満春「ライフスタイル移住の意思決定に関する研究―観光経験による態度形成過程を中心としたアプローチに向けて」『観光学評論』2019、7(2): 111-122.をもとに筆者作成

注4: 小原満春「観光経験と観光地関与がライフスタイル移住意図へ及ぼす影響」『観光研究』2020、32(1): 33-46.

かります。具体的には、前述のような観光中の地域住民との交流、ＬＩＮＥやメールマガジン等による観光後の継続的な交流（つながりの形成）などが有効でしょう。

本節では観光経験と地方移住の関連性をみてきました。１つ誤解してはならないのは、観光客数が多く有名な観光地だからといって、移住者が多いわけではないということです。[注5] 実際、有名観光地で宿泊者が多くても移住者が少ない地域は数多くあります。これは、観光ニーズと移住ニーズが異なるためです。しかし逆にいえば、少ない観光客に対して、地域を好きになり、愛着を抱いてもらえるようなアプローチをコツコツと行うことで、観光地として有名ではない自治体であっても、観光から移住への道筋を太くすることが可能だといえます。使えるものは使い、連携できるところとは連携して、移住への0→1を拡大することがポイントです。

注5：青木柊吾ほか「観光客数と移住者の関係性」2022 https://src.tama.ac.jp/files/1640.pdf

01-09 金銭的な移住支援の効果は一過性にすぎない

注目される大胆な金銭的支援

近年、注目を集めた移住促進施策があります。それが、宮崎県都城市による「全国どこから移住しても５００万円」の移住応援給付金です（**図表1**）。都城市によれば、２０２２年度まで数百人だった移住者数が、この施策などにより２０２３年度には約3千7百人となり、13年ぶりの人口増加を達成、多くのメディアで移住促進の優等生、成功例として取り上げられました。

【図表1】国内最高水準の金額で募集された都城市の「移住応援給付金」の告知チラシ

出典：https://www.city.miyakonojo.miyazaki.jp/site/iju/53882.html

この事例が注目を集めたもう1つの理由が、移住応援給付金の財源には、日本一の金額を集めたふるさと納税の寄付金が充てられたということでした。注1

この施策は、大きな話題を呼びました。移住者数が増加に転じたこともさることながら、「ふるさと納税寄付金を活用して移住者数を増やす」というアイディアによって、自治体間競争における勝ち組自治体がますます勝ち組としての地位を確立できることが浮き彫りになったためです。ふるさと納税や子育て支援、そして移住促進など競争が激しい政策分野において、多数の負け組自治体が勝ち組になることがいかに難しいか、自治体の格差が開くばかりであることを多くの自治体は痛感させられたのです。では、果たしてそれは、公正で持続可能な移住促進の助けになるのでしょうか。

大胆な移住支援金の歴史は1990年代にさかのぼる

そもそも、国や地方自治体による移住促進のための大胆な金銭的支援は、いまに始まったことではありません。1990年代、バブル経済の崩壊後も比較的好景気にあった地方自治体では、地方分権の下、他自治体と差別化を図り、個性的な地域

注1: 南日本新聞「市長も驚いた…移住者が前年度8・5倍、13年ぶり人口増に転じる　ふるさと納税日本一の都城市が仕掛けた子育て支援策」2024年4月26日、https://373news.com/_news/storyid/193969/

注2: 週刊読売、1991年4月14月号

づくりを行なうために様々な施策が展開されました。その中の1つのパターンとして拡大したのが、大胆な金銭的支援です。

当時、注目を集めた自治体に兵庫県三日月町があります。三日月町は、1991年に策定した若者定住条例に基づき、移住奨励金を設置しました。奨励金の対象は36歳までの男女で、5年以上住む場合には無条件で8万円、結婚したらプラス8万円、子どもが生まれたら第二子まで各8万円で、3人目には30万円、4人目には40万円、さらに農林業に専業従事した場合は年に百万円を3年間にわたり支給、農林業関連で研究旅行する際には50万円、家を新築・購入した際には50万円補助と、総計4百万円の支給を目玉に移住定住促進を展開しました。注2

その他、直接的な金銭的支援ではないものの、市町村独自の特産品や商品を安くもしくは無料で提供

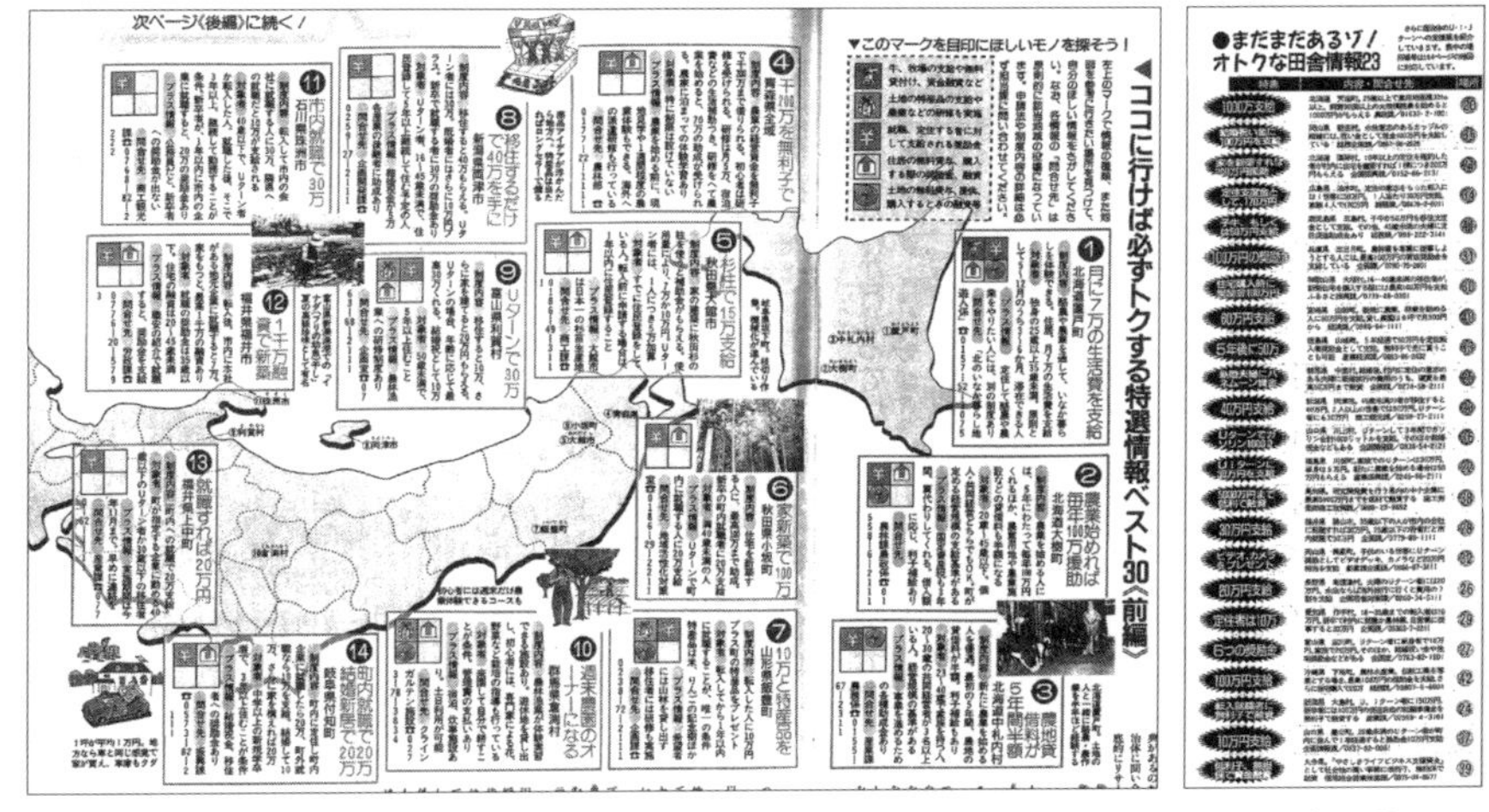

【図表2】金銭的支援策を紹介する雑誌 出典：BIG tomorrow 1994年9月号、BIG tomorrow 1996年6月号

する施策がこぞって展開されました。**図表2**は1990年代に雑誌に掲載された移住促進のための金銭的支援の紹介誌面ですが、数十万円から高いものでは1千万円までさまざまな支援金の情報が並んでいます。

移住促進や、それと関連した金銭的支援は日本国内だけの動向ではありません。ヨーロッパの一部の国々では町村による金銭的支援が展開されており、アイルランドやイタリア、スペインの政府や自治体が、移住促進や空き家を購入して移住する人向けの補助金を支給しています[注3]（**01**－**07**参照）。

金銭的支援による移住促進の効果は、中長期的には薄い

ここまでみてきたように、地方移住を促進するために大胆な金銭的支援策を実施してきた自治体は、過去数十年の間にいくつもありました。しかし、それらの中で中長期的に金銭的支援を継続してきた事例は少なく、一時的に転入者数や移住者数の増加に寄与したり、新聞雑誌で取り上げられたりしても、結局、人口動態に長期的にプラスな影響を与えるものはほとんどありませんでした。

過去の事例からわかるのは、大胆な金銭的支援は一時的には社会的注目を集め、

注3：Peter Matanle「Japan is paying families 1 million yen to move to the countryside – but it won't make Tokyo any smaller」2023、https://theconversation.com/japan-is-paying-families-1-million-yen-to-move-to-the-countryside-but-it-wont-make-tokyo-any-smaller-1975

移住者の増加につながりますが、中長期的にみれば効果は薄く、持続可能な施策ではないということです。冷静に考えてみれば当然ですが、個人の移動の選択は金銭的支援のみで決まるものではなく、地域の雇用や子育て環境、教育、医療、気象条件、交通アクセス、近隣との人間関係など様々です。さらに、全国の転入者が多い自治体（東京都特別区や大阪市、横浜市、札幌市、福岡市）は、大胆な金銭的支援を行なっているから人が集まっているわけではありません。

移住や定住の促進を目的とした大胆な金銭的支援の効果は一過性のものに過ぎず、長い目でみれば自治体間の過度な競争を招き、疲弊感や消耗戦をもたらす可能性が高いと言えるでしょう。「自分たちの地域だけが残ればよい」「いまだけ人口が増えればよい」では、本来、手を取り合うべき自治体間の連携は進まず、移住者にとって優しい移住促進も実現しません。金銭的な移住支援は、あくまでその地域への移住や定住を希望する人の背中を後押しする位置づけとし、「金の切れ目が縁の切れ目」にならないよう非金銭的支援を厚くしていくことが、持続可能な移住促進を実現する上でますます重要になってきているのです。

01-10

「移住者＝Iターン」という構図で失っている層

移住者＝Iターン者という構図はいつ成立したのか

地方移住を分類する際、よく使われるのが「Uターン」「Iターン」「Jターン」です。最も古く1960年代末に使われ始めたUターンは、生まれ育った地域から進学や就職などを機に大都市へと移住した後、再び生まれ育った地域へと戻ることを指します。1970年代に使われ始めたJターンは、生まれ育った地域から進学や就職を機に大都市へと移住した後、生まれ育った地域に近い地方都市に移住することを指します。そして、最も新しく1990年前後に使われ始めたIターンは、主に大都市の生まれ育った地域を離れ、別の地域へと移住することを指します。

余談ですが、○○ターンで移住を指す言葉は他にもあります。古くはJターン後に再び大都市へと移り住む〝Oターン〟やOターン後にさらにもう一度地方移住するか、その後不明（Question）の意味で〝Qターン〟などの言葉が使われたり、都道府県のコンセプトとして秋田県が〝Aターン〟、福島県が〝Fターン〟を提唱したりしています。

Iターン、Jターン、Uターンは、つなげて読むと「IJU＝移住」となることもあり、現在でも広く用いられていますが、中でも昨今の移住者の象徴として取り上げられることが多いのがIターン者です。その理由は、UターンやJターンと比較して、Iターンには従前の移住とは異なる特徴があるとされるためです。

UターンやJターンは古くから、仕事での失敗や心身の不調、親に甘えて戻ってきたなど、社会的に大都市でのネガティブな経験によって理由付けされることが多々ありました。それに対してIターンは、地縁がなくても地方農山村に移り住む主体的な存在であり、自己実現や豊かな暮らしの実現、金銭に縛られないライフスタイル志向など、多くの場合、ポジティブな要因で説明されます。その結果、2000年代以降になると国の政策でも移住者＝Iターン者というニュアンスが強くなり、地方自治体の移住促進施策の対象も、Uターン者を対象としない自治体はあっても、Iターン者を対象としない自治体はほぼない状況になりました。さらに、一部のIターン者は、地域づくりを成功に導く「若者、バカ者、よそ者」を体現する存在としても注目され期待を集めています。

実は多いUターン者とその特徴

Iターンへの関心の高まりと反比例して、社会的、政策的な関心が減少してきたのがUターン者でした。しかし、近年、Uターン者への政策的関心が改めて高まっています。私もいくつかの自治体担当者から、「うちは今後、Uターンに力を入れたいと思っているのですが、どうすればいいでしょうか？」と相談を受けたことがあります。こうした背景には、自治体間の移住者獲得競争の加速（03-01参照）、移住促進施策における独自性の追求、地域における中間的人材（コーディネーター）の必要性の高まりなどがあります。

1つずつみていきましょう。

前提として、多くの地域ではIターン者よりもUターン者のほうが多くなる傾向があります。

国、都道府県、市町村それぞれのレイヤーで具

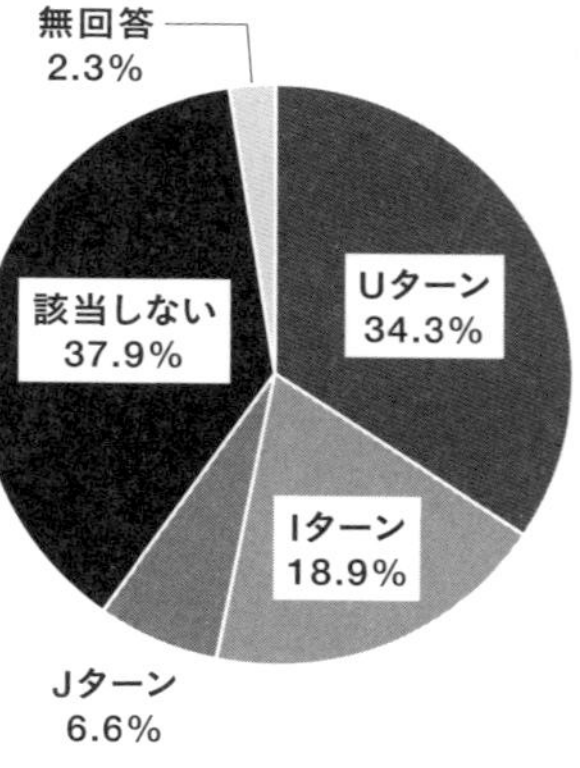

【図表1】過疎関係市町村の移住者分類
出典：総務省（2018）

注1：　総務省「過疎地域への移住者に対するアンケート調査」2018、https://www.soumu.go.jp/main_content/000538332.pdf

体的な数字を確認しましょう。

まず総務省が2018年に過疎関係市町村の窓口で転入届を出した人を対象に行なった調査によると、Uターン者が34・3%、Iターン者が18・9%、Jターン者が6・6%、該当しない者が37・9%となっています。[注1] さらに、都市部からの転居者に限るとUターン者の割合は41・0%です（**図表1**）。

次に2022（令和4）年度に島根県が行なった調査では、Uターン者が58・0%、Iターン者が40・5%となっています。[注2] さらに、広島県三次市の20代・30代を対象とした調査では、**図表2**のように他地域で就業後Uターンした人が25・3%、他地域で就職後Uターンした人が14・9%で、ずっと地元に住んでいる人や結婚や仕事が理由で転入した人よりも多いことが明らかになっています。[注3] ただしこの点は、地理的環境や立地、社会状況によって差があることに

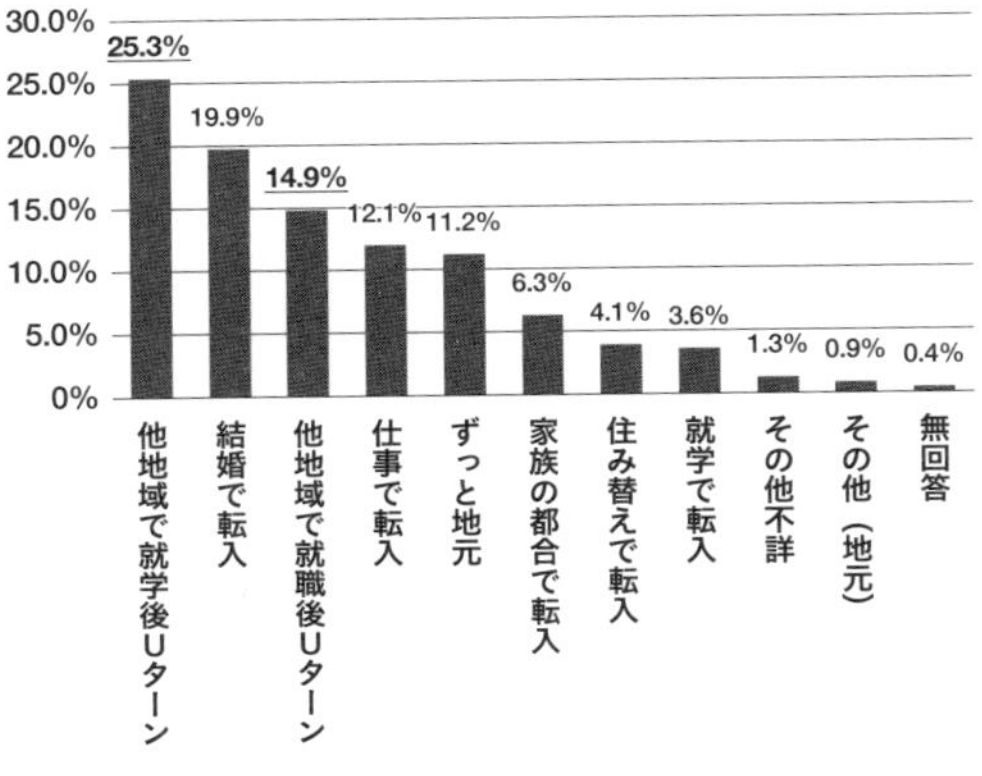

【図表2】 広島県三次市の住民の居住理由
出典：轡田（2018）

注2: 島根県「令和4年度Uターン・Iターン者の状況について」2023、https://www3.pref.shimane.jp/houdou/uploads/159551/140655/6f142f5d50ad7cc759d7ca10c18c32b6.pdf

留意が必要です。特に、人口減少や少子高齢化の進行が早い地域では、地元出身者の数が減り、転出者自体が減少傾向にあるため、相対的にIターン者数や割合が高くなることがあります。

過度な自治体間の移住者獲得競争が高まる中で「もともと地縁がある人に戻ってきてもらおう」「0から認知してもらうよりも、すでに知っている人に選んでもらおう」という意識が一部の地域で芽生え、昨今、Uターン者への期待が改めて高まっています。また、すでに地縁があるUターン者を対象にすることは、自ずと独自の移住促進施策の確立にもつながります。さらに、社会学者の轡田竜蔵《くつわだりゅうぞう》氏の調査によって、他地域で就学後にUターンした層などは、地域活動や社会活動への積極的参加傾向が強く、地域社会のハブになる傾向も明らかになっています。[注3]多様な人々が暮らす現在の地域において、Uターン者が多様な人々をつなぐ役割を担う可能性に光が当たっていることは、押さえておくべきポイントです。

Uターン支援のポイントは、現状の共有と思い込みの打破

Iターン者よりもUターン者が実は多いこと、近年、Uターン者の独自性や可能

注3: 轡田竜蔵「広島20-30代調査」報告書(統計分析篇)」2015、https://mzaidan.mazda.co.jp/publication/pdf/s7_2014_10b.pdf

性が再評価されつつあることに触れてきました。未だに多くの自治体ではUターン者は移住促進施策の対象に含めなかったり、Iターン者とUターン者で支援に格差が生じていたりする状況もあります。こうした中で、Uターン促進の重要性に注目し、市民活動を起点に試行錯誤を重ねながら、Uターン支援への姿勢を変えつつあるのが岩手県陸前高田市における事例です。ここからは、取り組みを主導している陸前高田市議会議員の木村聡《あきら》さんへのインタビューに基づいてみていきましょう。

木村さんがUターンに着目したのは2022年頃のことでした。Iターン者である木村さんは、議員となり様々な団体や地域の人と話す中で、「Iターン者だけが注目を集めているけど、本当にこれでいいのか？」「税金の再配分先として、Iターン施策はどこまでやるべきなのだろう？」と考えるようになり、Uターン者の支援により力を入れてはどうかと思い至りました。周囲に意見を聞いてみると、Uターンに対して〝都落ち〟のようなネガティブな印象を抱く人が一定数いること、議会でもその存在が取り上げられてきていないことなどが明らかになり、問題意識が高まったそうです。木村さんは、次のように語ります。

「人が出ていく地域だと、結局のところIターン者をどれだけ呼んでもダメではないかと思いました。気持ちが離れていく地域を変えないといけない、そこでＵターンの支援に力を入れてみたらどうかと考えるようになりました。」

陸前高田市は、東日本大震災で大きな被害を受けました。震災直後は、被害を受けた地元を支援しようとポジティブな動機のＵターン者が多くいました。しかし、時間が経つにつれてＵターンをめぐる印象や状況は元に戻っていました。震災支援を機に陸前高田市とつながった木村さんにとっては、そうした変化もＵターンに着目する理由の１つとなったと言います。

こうした中で、木村さんは所属している青年会議所の企画チームで、Ｕターン促進策の１つとして、大都市圏に住むＵターン潜在層を対象としたツアーを企画し提案しました。

【図表3】 青年会議所が行ったＵターンイベントの様子
提供：木村聡氏

しかし当初は「移住を専門で扱う団体があるのに、なぜ我々が取り組むのか」「Uターンツアーでは、人が集まらないだろう」となかなか理解されませんでした。それでも、協力を募りながら実施にこぎつけたことで、木村さんたちは、Uターン潜在層には現在の陸前高田市の状況を知らない人がたくさんいること、一度地域を出た人が戻って来るはずがないというのは思い込みであったこと、Uターン促進が地域に与えるポジティブな効果があることを実感しました（**図表3**）。

まず求められるのは戻ってきたいと思えるまちづくり

その後、市議会議員である木村さんは定例会でUターン促進に関する質疑と問題提起を行い、県や市の方針も相まって2022年の途中からUターン者を含む移住者の把握やLINE＠での情報提供も進みはじめました。直近に策定された総合計画には「Uターン」という言葉が盛り込まれ、市が設置する移住定住促進助成金の補助金額がIターンに限らずUターンにも拡大しました。一方で、2024年現在、両者に対する支援金額には差があるなど、支援には依然として差がある状況だとも言います。

以上が、陸前高田市の事例です。試行錯誤しながらUターン促進が少しずつ前に進んでいることがわかる、他自治体も学ぶ点が多い取り組みだと思います。

Iターン者に閉じない、Uターン者を含む他の多様な移住者への支援が重要ですが、Uターン支援時には注意点もあります。例えば、「地元に戻ってこい」と過度に強調しすぎることは、多様な生き方がある現代社会で鬱陶しく受け取られる恐れがあり、ときに反発も感じさせます。

また、「地元に戻る」という選択にあたっては、その地域の過去と現在を比較するまなざしが伴います。Uターン促進に力を入れる際には、実態として地域が良くなっている、良くしようとしている、戻ってきたいと思えるまちづくりを進めていることが大切です。

木村さんは、移住促進について次のように語っています。

「これからは、地元の人が好きな地域、戻りたいと思える人がいる地域に、プラスαでIターン者が来るのは大歓迎！という順番に変えないといけないと思います。」

PART 02

キーワードからみる 地方移住と移住促進の最前線

02-01

移住起業
地域との関係性と、相談できる体制づくりが鍵

移住起業の背景と動機

地方に移り住んで起業・創業することを、「移住起業」や「移住創業」などと呼びます。意味は大きく変わらないため、ここでは移住起業に統一します。

国や自治体による移住起業促進が加速・拡大するのは、移住先で起業する人が増えれば、税収増加や産業活性化、雇用増加、若者の定住促進などが期待できるためです。

移住者自身にとっても、起業による自己実現や、仕事の裁量拡大、社会や地域への貢献、時間的・精神的なゆとりといった希望を叶えることにつながります。競争相手が多い都会ではなく、あえて地方で起業することで、自身の技術や知識、アイディアの価値を都会よりも活かせるという考え方もあるでしょう。

注1：内閣府「地域の起業の実施状況等に関する調査」2022、https://www5.cao.go.jp/keizai3/2022/05seisakukadai21-4.pdf

地方移住者の起業の動機やきっかけは、内閣府が2021年に過去5年以内に起業した地方移住者246名と、従来から東京圏外に住んでいる175名を対象に行った調査[注1]で明らかにされています（**図表1**）。地方移住者と従来東京圏外在住者でギャップが大きい項目が「社会や地域に貢献できる仕事がしたかったから」であるように、移住起業の動機づけは立身出世や収入の増加にはないことがわかります。

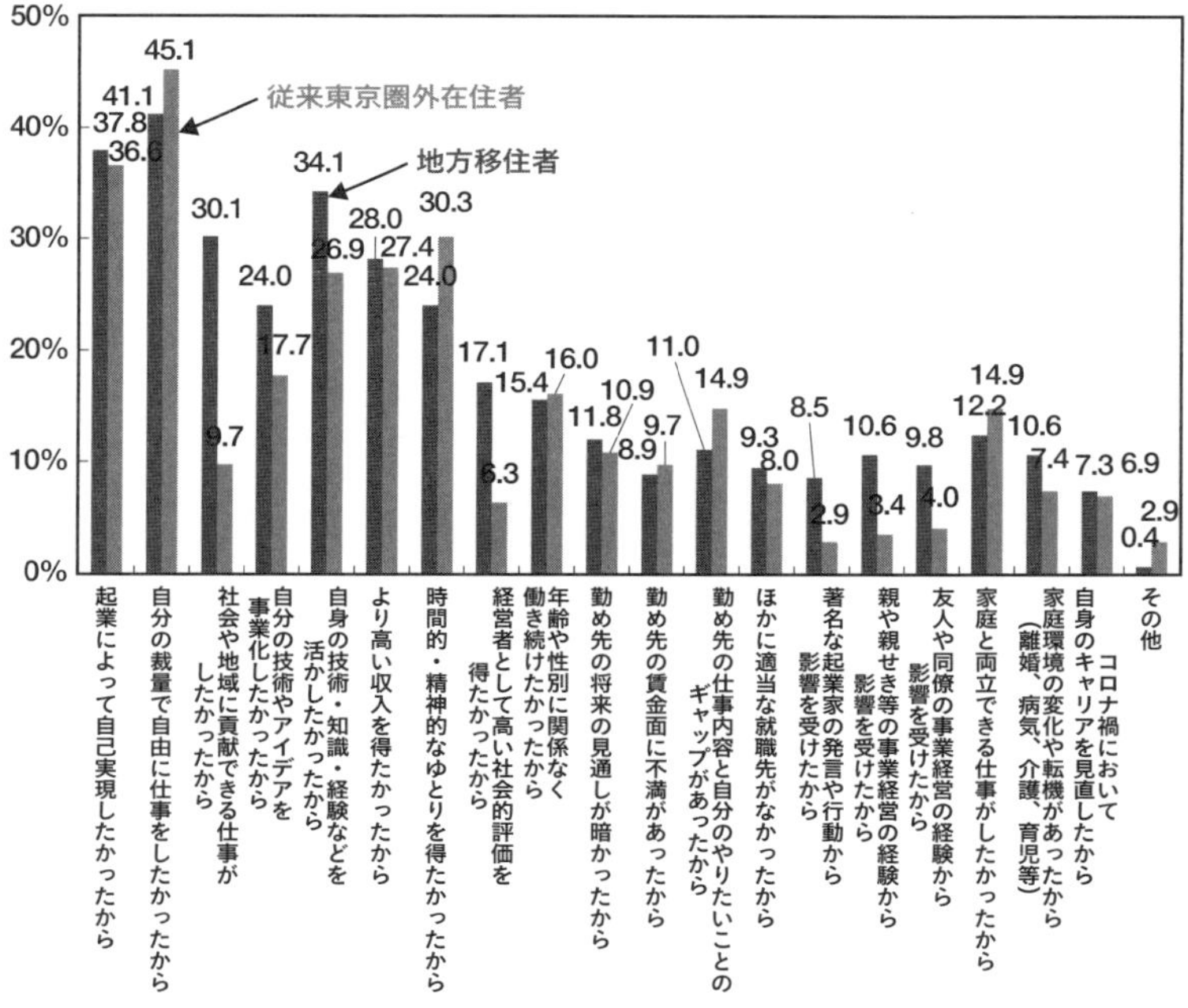

【図表1】移住起業のきっかけ
出典：内閣府（2022）https://www5.cao.go.jp/keizai3/2022/05seisakukadai21-4.pdf

多くの移住起業者は、地域と良好な関係性を築いている

それでは一体、どんな人が移住起業しているのでしょうか。地域との関係性など、移住起業後の実態はどうなっているのでしょうか。ここでは前述の内閣府の調査と、日本政策金融公庫が2021年に実施した「2021年度起業と起業意識に関する調査」の結果をもとに、移住起業の実態を紐解いていきます。注2

まずは、移住したきっかけと起業の関係です。「現在の事業を始めるため」に移住した人は18・4%で、約5人に1人が起業のために移住していることがわかります。ただし、例えば結婚(15・1%)、親(義理を含む)との同居や近居(15・1%)、子育て(11・8%)、特にきっかけはない(27・0%)など、起業以外の目的・動機が大半です。むしろ結果的な選択として起業した人のほうが多いのです。なお、他の移住と同様に移住起業者も、Uターン型が多い傾向が報告されています。

移住起業者の従業者数や、平均月収も確認してみましょう。移住起業者の開業時の従業者数を確認すると、1人(本人のみ)の人が83・6%となっています。また、平均月収については50万円未満が69・0%、50万～100万未満が14・0%となっています。移住起業に地方の雇用増加を期待する声が大きい一方で、実態としては、

注2: 調査結果の詳細をさらに知りたい方は、こちらの書籍をご覧ください。日本政策金融公庫総合研究所編、桑本香梨・青木遥著、『移住創業と地域のこれから』2022、同友館.

地方の雇用増加や税収増加に移住起業が寄与する程度は限定的であることがうかがえます。ただし、移住起業者の61・2%は「黒字基調」を維持しており、中長期的な視点でみると、地域経済を循環させる役割を担っていく重要なアクターになることが予想されます。支援する国や自治体としてはすぐに成果を求めたくなるところですが、長い目線で支援していくことが重要です。

移住起業後の地域との関係性についてもみてみましょう。日本政策金融公庫の調査結果によると、移住起業者の者のうち地域に「なじめている」という回答は27・6%、「どちらかといえばなじめている」は47・4%となっています。このことから、約4分の3の移住起業者は、移住先地域と良好な関係性を築いていることがわかります。さらに、地域になじめているかどうかと採算状況の関連性は、**図表2**のような結果となっています。

想像できるように、地域になじめている移住起業者のほうが、なじめていない移住起業者よりも黒字基調の割合が高くなっています。

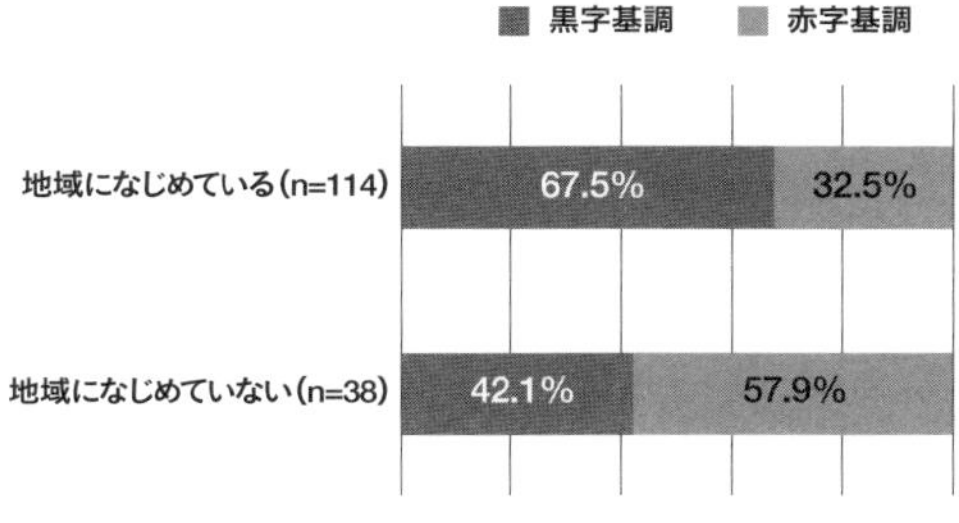

【図表2】 地域になじめているかどうかで比較した移住起業者による事業の採算状況
出典：日本政策金融公庫（2022）

さらに、地域になじめているかと定住希望の関連性についても、なじめていない移住起業者は定住予定が23・7%に対して、なじめている移住起業者では定住予定が65・8%となっています。移住起業を軌道に乗せ、採算状況を向上して定住希望を育んでもらう上では、移住前から移住後の継続的な地域住民との関係性構築のためのサポートを自治体が行うことも重要だと考えられます。

支援策は移住の目的にはならないが、4分の1以上が利用

一方で、国や自治体が移住起業を支援するにも限界があります。次に、移住起業に関する支援策の効果についても確認してみましょう。

日本政策金融公庫の調査における「現在のエリアを拠点に選んだ積極的な理由」に対する回答をみてみると、「起業に関する助成金を受けられるから」は2・7%、「移住に関する助成金を受けられるから」は0・7%となっています。行政による支援制度は多々あり利用者も多い一方で、金銭的な移住・起業支援策は、それ自体が移住先の決定打や目的にはなっていないことがよくわかります。

ただし、起業の際に各種支援策や相談先を利用している人の割合が多いことは内

閣府の調査でも明らかになっています。[注1] それによると、移住起業者のうち28・5%が国の起業支援金を、40・2%が自治体の起業支援金・補助金・起業支援融資を、26・8%が起業応援税制等の税制補助を利用しています（**図表3**）。

起業準備者・関心者が「必要」と感じる支援制度や相談先は、国や自治体による金銭的な支援に次いで、各種行政手続きに係る支援（18・3%）、起業経験者への相談（18・6%）、インターネット等による起業・経営に関する情報提供（15・

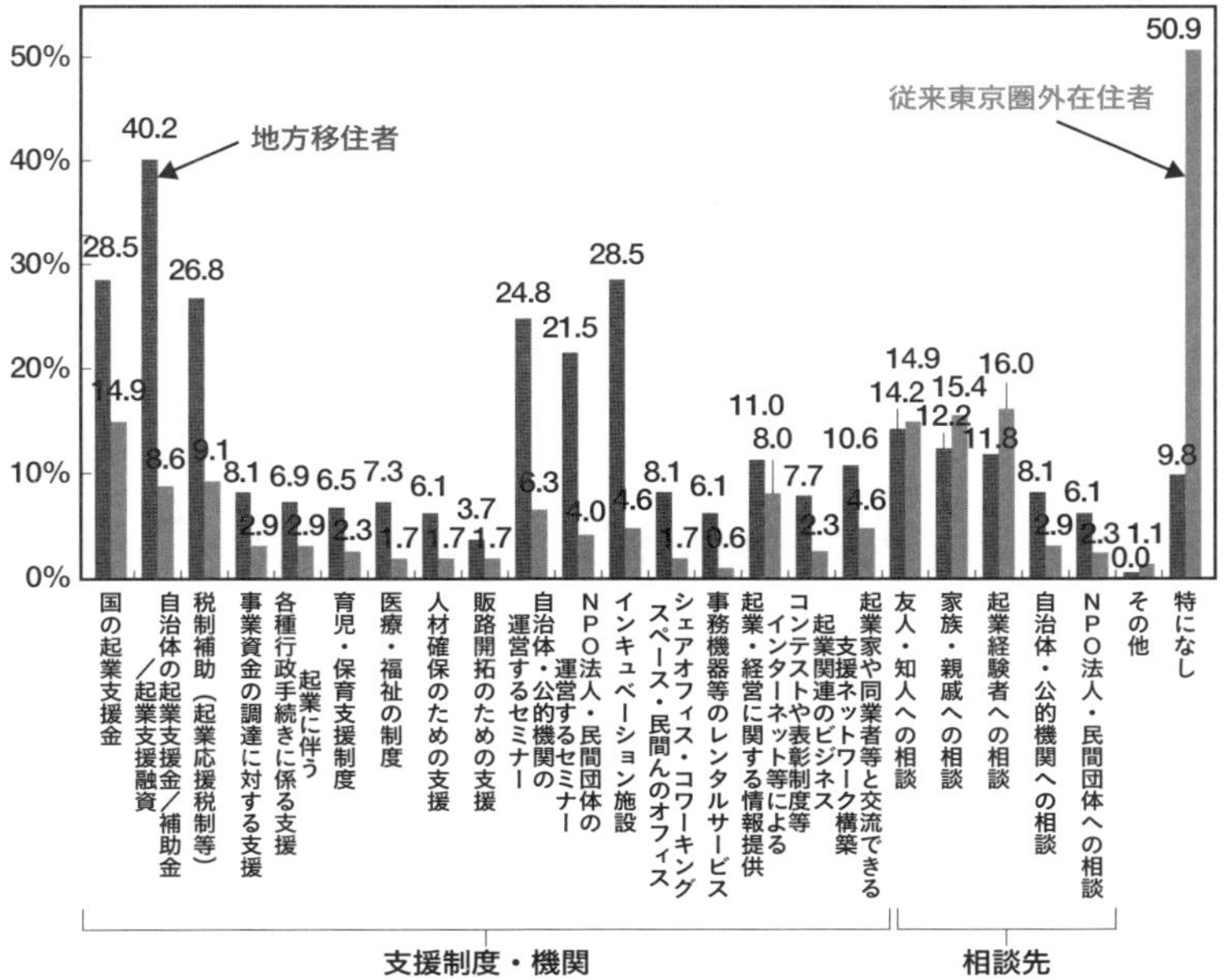

【図表3】 起業の際に利用した支援制度・相談先

出典：内閣府（2022）https://www5.cao.go.jp/keizai3/2022/05seisakukadai21-4.pdf

3%）となっています。

こうした結果から、移住起業を目玉に移住者を増やそうとする試みは、一部の先行事例を除いて、移住促進の方向性として間違っている可能性が高いと言えます。一方で、起業したい人が起業できるようにするための支援や相談先の整備は求められており、ある程度、地域への誘引になるといえます。その際には、移住起業者のみを優遇する施策ではなく、地域住民も同様に利用できるフェアな仕組みとすることが重要です。

図表3によれば、従来東京圏外在住者の50・9%は「特になし」と回答していますが、裏を返せば、移住起業者よりも圧倒的に多い地域住民の約半数は、支援や相談先を利用しているということです。今後も地方における移住を推し進める傾向が強くなる中で、移住起業者支援と地域住民の起業支援が両輪となって地域経済をさらに良い方向に進めていくことを期待しましょう。

02-02

教育移住

オリジナリティある教育環境が移住者を惹きつける

子どものためによりよい教育環境を求めて地方移住

子どもの教育環境の向上を求めて、住まいを変えるという選択は古くからあるものです。希望の学校に子どもを入学させるために住まいを変える、グローバルに活躍する子になってほしいから海外に移住するなど。

そうした中で、近年、注目されているのが地方への「教育移住」です。これは、子どものためによりよい教育環境を求めて地方へ移住することを指し、主に保育園・幼稚園から小学校、中学校での移住を指すことが多いです。様々なパターンがありますが、大きく分けると自然保育や森の幼稚園、自然教育や野外教育などに代表される「自然体験・自然経験を軸とした教育」に魅かれ移住するケースと、グローバルな学びや特定の教育思想、地域と強く連携した教育など「独自の教育モデ

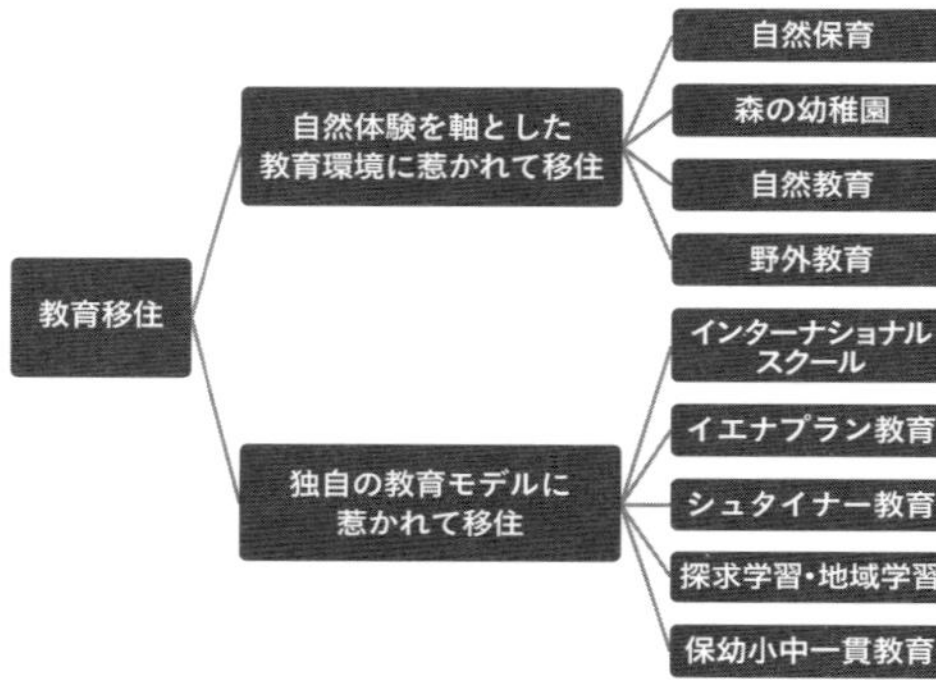

【図表1】教育移住の分類パターン
出典：筆者作成（最右列は一例であり、他にも多数あり）

ル」に惹かれ移住するパターンに大別できます（**図表1**）。1970年代に登場し現在まで続く「山村留学」は、このちょうど中間に位置すると言えるかもしれません。[注1]

移住者のうち、教育を重視しているのは3－5％前後

教育環境の向上を目的に移住する人・移住したいと考える人は、実際どの程度いるのでしょうか。地方移住に興味がある東京圏在住の20－30代の既婚男女を対象とした調査の結果によれば、移住先で子育てをする場合、移住先の子育て環境について「学力・知力の向上ができる教育環境」を重視する人が26・8％、「少人数でのんびりとした教育環境」を重視する人が17・8％いることが明らかになっています。[注2]

一方で、実際に移住した人を対象にした調査では、少し異なる結果も報告されて

注1：数十年前から、子どもの山村留学をきっかけとして留学期間後に家族全員が地域に移住する事例が報告されています。前田真子・西村一郎「山村留学を契機とした都市住民の農山村地域への移住と移住家族の山村留学における役割」『農村計画学会誌』23(1):8-15

注2：一般社団法人 移住・交流推進機構「「若者の移住」調査【結果レポート】」

います。総務省が、地域の魅力や農山漁村への関心が理由で過疎地域に移住した人を対象に行った調査によると、「子育てに必要な保育・教育施設や環境が整っていること」は都市部からの移住者の9・8%が移住に際して影響したと回答しています。さらにそうした環境を「重視したか」どうか質問したところ、都市部からの移住者の3・8%が移住時に重視したと回答しています。[注3] この結果は、内閣官房ほかが若年層のうち感染症拡大以降に東京圏から地方圏に移住した人を対象に行った調査で報告された、「子育て環境、教育環境を変えるために移住した」人は5・3%という結果と概ね近い結果です。[注4]

これらの結果をどう解釈するかは人それぞれですが、地方移住時に教育環境を重視した人が移住者の3－5%前後と考えると、多いとは言えないものの、教育環境に惹かれ移住する人が確実に存在することがわかります。過度に教育移住に期待しすぎず、まずは統計や調査から適切に実態を把握することが大切です。特に、教育移住経験者や教育関係者が移住促進に関わる場合、教育の可能性や重要性を押し出しすぎることがあります。社会や地域にとって教育はとても重要なものですが、人によって教育への期待や価値判断が異なることは議論の前提にする必要があります。

注3：　総務省「過疎地域への移住者に対するアンケート調査結果」2018.

注4：　内閣官房デジタル田園都市国家構想実現会議事務局・三菱UFJリサーチ&コンサルティング株式会社「若年層の東京圏、地方圏への移動に関する意識調査」2023.

教育移住促進の鍵は「先駆性」と「独自性」

それでは、全国にはどのような教育移住事例があるのでしょうか？　実際に、筆者の知人が教育環境を求めて移住し、さらにその教育モデルに惹かれて教員としても勤務している、長野県佐久穂町の学校法人茂来学園 大日向小学校・大日向中学校の事例をみてみましょう。

大日向小学校は、２０１９年４月に開校しました。その特徴は、日本で初めて「イエナプラン」認定校となったことです。イエナプラン教育とは、ドイツで始まりオランダで広がった、一人ひとりを尊重しながら自律と共生を学ぶオープンモデルの教育です。[注5]「日本初」というブランドと独自の教

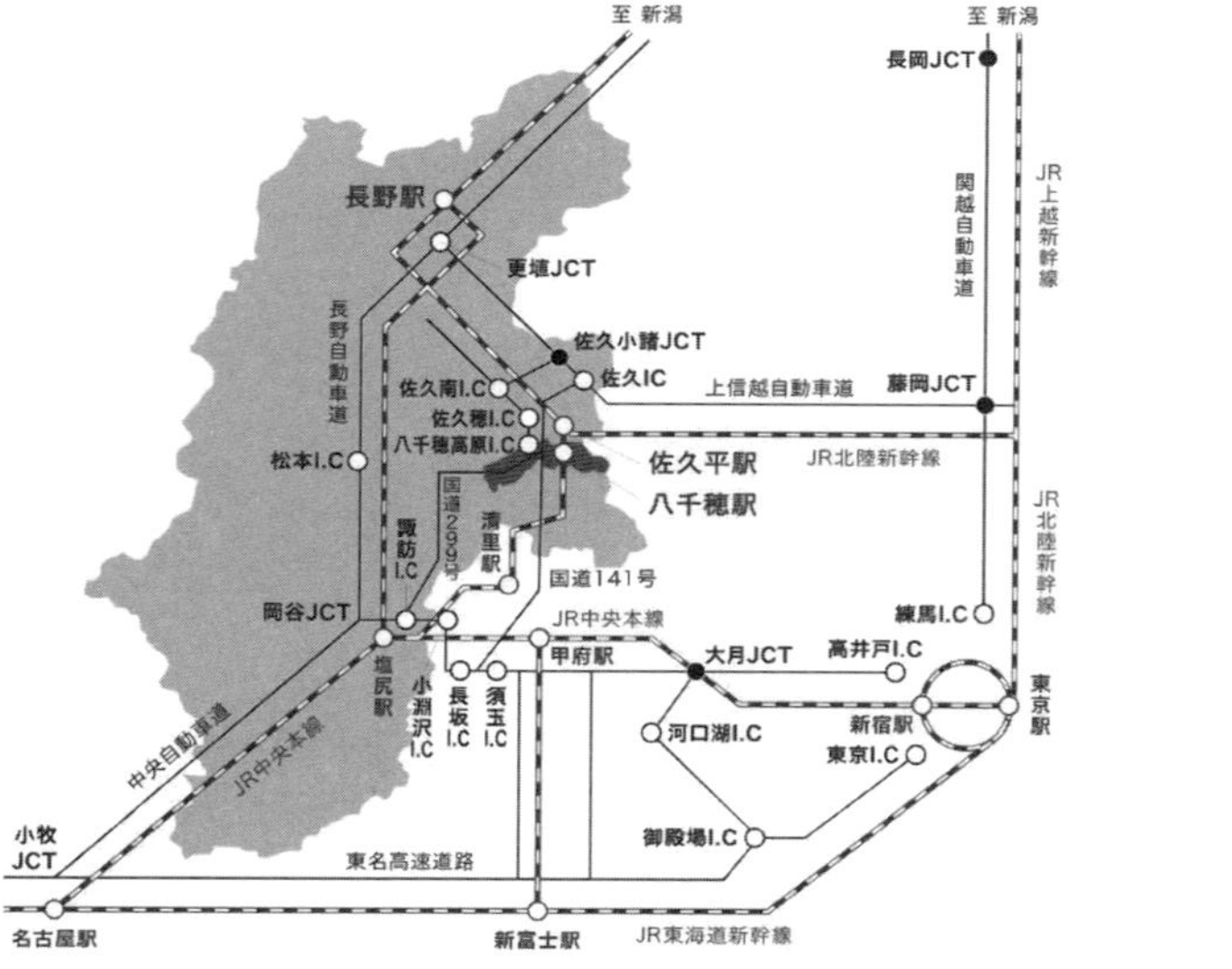

【図表2】佐久穂町の位置
出典：https://www.town.sakuho.nagano.jp/oshirase/machi/accessmap/sogoseisakuka_298.html

育方針は、町外・県外からも大きな関心を集め、現在では少なくとも7割以上の在校生が移住者によって構成されています。東京から最寄りの佐久平駅まで、新幹線で1時間20分という地理的強みもありますが（**図表2**）、それを措いても日本初という「先駆性」と、ここにしかない教育環境という「独自性」が移住者を惹きつけていることがわかります。

「先駆性」と「独自性」という特徴は、多くの教育移住者を惹きつける先進事例に共通します（**図表3**）。長野県軽井沢町にある2020年開園の幼小中混在校である軽井沢風越学園、2013年に開校した全寮制のインターナショナルスクールISAC、島留学の促進により島の暮らしに教育分野から貢献することを目指す島根県立隠岐島前高校魅力化プロジェクト、

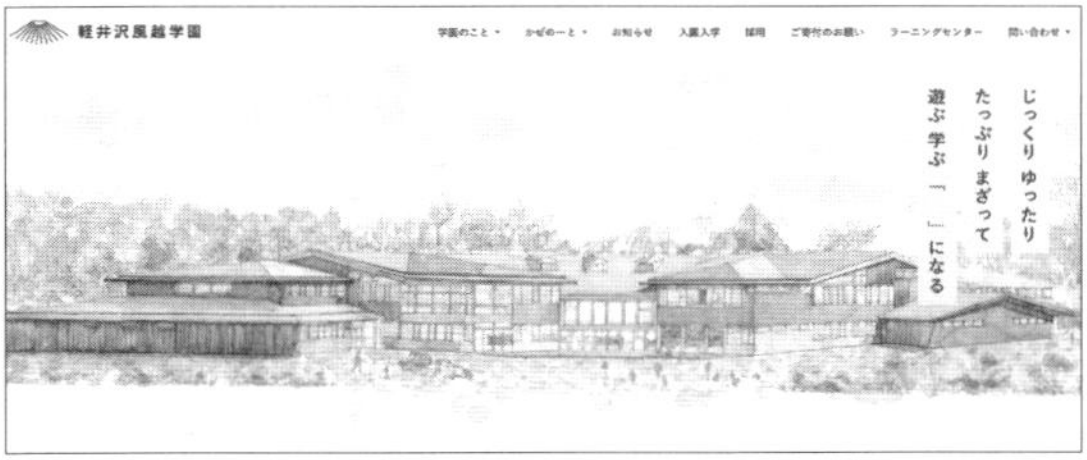

【図表3】 教育移住先で通う学校として支持される「大日向小学校・中学校」（上）「軽井沢風越学園」（下）のホームページ

出典：（上）https://www.jenaplanschool.ac.jp/、（下）https://kazakoshi.ed.jp/

注5：2022年には公立小学校で全国初のイエナプラン教育を実践する福山市立常石ともに学園も開校しています。日本イエナプラン教育協会「イエナプラン教育とは」https://japanjenaplan.org/jenaplan/. 日本教育新聞「公立初の「イエナプラン教育校」自律と共生を重視」2022年9月26日、https://www.kyoiku-press.com/post-249123/.

クト、学校林の活用とＩＣＴ活用で全校児童数が回復傾向にある小規模特認校である長野県伊那市立伊那西小学校などにも、「先駆性」と「独自性」がみられるのです。

教育移住は一度で終わりではない可能性も

教育移住事例が徐々に生まれつつある一方、移住に際して教育に関する不安はつきものです。例えば、左記のような不安がよく挙げられます[注6]。

・学校までの通学の距離（埼玉県・女性・39歳）
・都市部に比べて学力が下がらないかどうか（埼玉県・女性・39歳）
・高校・大学の進学先の選択肢の少なさ（東京都・男性・35歳）
・不便さが避けられないと思うこと（東京都・男性・35歳）
・子どもたちがのびのびと過ごせる環境が整っているのか（東京都・女性・39歳）

自治体は、移住と教育の実態や関連性を把握し、移住相談体制を充実させるためにも、当事者へのヒアリングやアンケート調査による現状把握をすることが重要で

注6：　一般社団法人 移住・交流推進機構「「若者の移住」調査【結果レポート】」

す。

また、教育移住は他の地方移住と同様に、必ずしも一度経験すれば終わり、という選択ではありません。例えば移住における不安の一例として「高校・大学の進学先の選択肢の少なさ」が挙げられていました。このために、「幼稚園と小学校は地方で通い、中学校以降は子どもと相談したうえで受験を見据えて大都市圏で通う」といった形で、複数回の移住も念頭に教育移住した方と出会ったこともあります。教育を目的とした移住だからこそ、教育をめぐる目的が変われば、目的により合致した教育環境がある地域に移住するというわけです。

子どもを真ん中に置いた移住だからこそ、子ども成長段階に応じて住まいが変わる可能性があるのが教育移住の特徴です。教育を軸に移住促進に取り組む自治体は、定住希望か一時的な移住希望かといった点を考慮した支援サポート体制を整備することが重要です。

02-03

移住婚

問われるニーズと個人の選択への踏み込み

婚活支援事業者と自治体の連携により加速する移住婚促進

2020年頃から、少子化対策、結婚支援、そして移住促進の文脈で注目を集めるアプローチがあります。「移住婚」や「地方移住婚」、「移住婚活」などと呼ばれる、地方移住と結婚をセットで考えて促進する取り組みです。2024年8月には、政府が地方への移住支援金を拡充（1人60万円を想定）し、東京23区に在住・通勤する女性が結婚を機に移住する場合を対象に加えることを検討していることが報じられ、その後、「女性をお金で動かすのか」という批判を受け事実上撤回する方針を示したことでも注目を集めました。[注1]

田舎暮らしと結婚促進を掛け合わせた取り組みは、過疎化に伴う農業後継青年の花嫁不足を背景に、1970年代から長野県などで断続的にみられました。[注2] しかし、

注1: 共同通信社「「移住婚」女性に60万円　東京一極集中に歯止め」2024年8月27日、https://nordot.app/1201087279478374870?c=302675738515047521. 朝日新聞「移住婚支援、担当相が事実上撤回　「女性をお金で動かす」批判続出で」2024、https://digital.asahi.com/articles/ASS8Z2JZFS8ZULFA023M.html

注2: 読売新聞、1974年8月18日

自治体と連携して、都市部から地方に移住を希望する独身者に対し、結婚相手と移住先を同時に見つけることを支援する取り組みは最近になって登場したものです。特に、新型コロナウイルスの感染拡大に伴いテレワークが普及し、オンライン相談体制が拡充したことで本格化しました。施策の傾向としては、自治体単独ではなく、婚活支援を軸とする事業者と連携して行うケースが多いと言えます。

移住婚への興味関心と実態

一見すると関連性が低そうな地方移住と結婚・婚活。どのような関連性があるのでしょうか。各種統計調査を基に確認してみましょう。

図表1は、婚活やウェディング事業を展開す

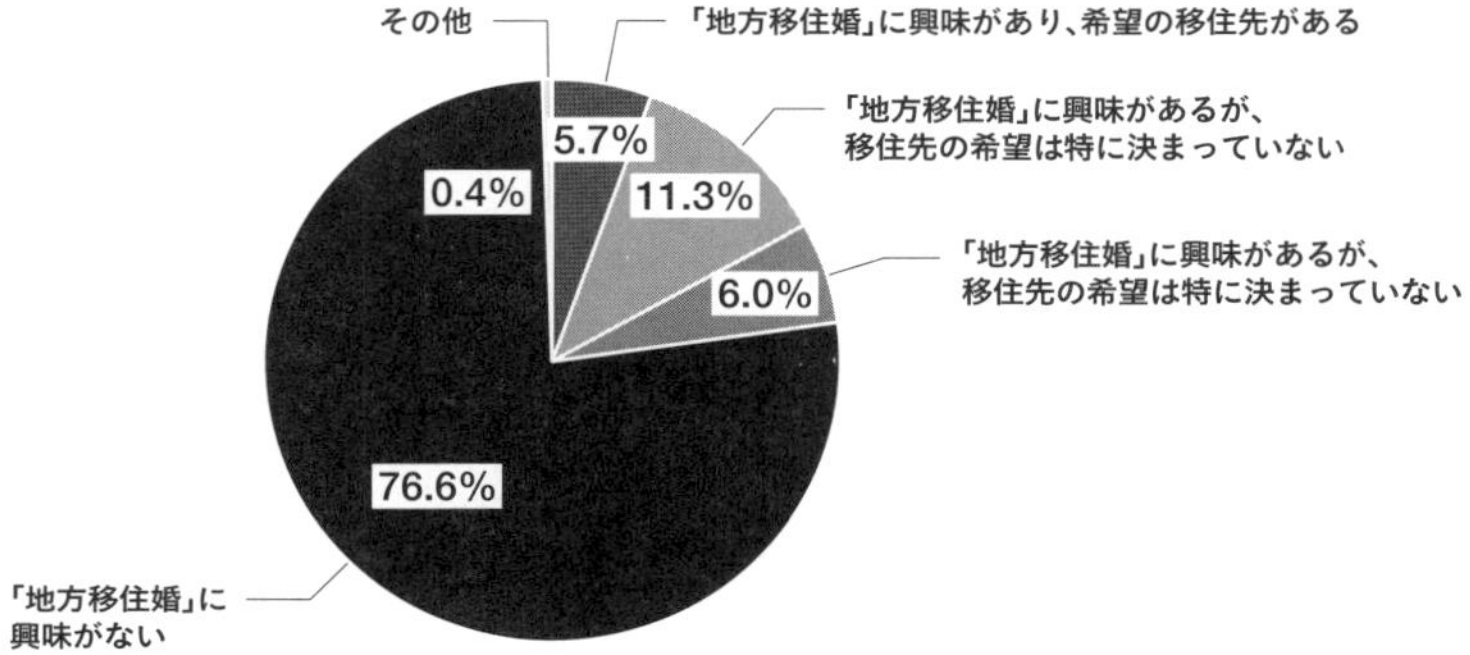

【図表1】 地方移住婚への興味の有無

出典：タメニー株式会社「「地方移住婚」に関するアンケート調査結果」2024、https://prtimes.jp/main/html/rd/p/000000727.000006313.html

るタメニー株式会社が25~45歳の未婚男女1千408人を対象に移住婚への関心について調査した結果です。「移住婚に興味ある」が23・0%、「―興味ない」が76・6%。[注3]「興味ある」と答えた23・0%のうち、希望の移住先がすでにある回答者は5・7%に留まっていることなどが読み取れます。

婚活に関心がある層ではどうでしょうか。日本最大級の婚活ポータルサイト「オミカレ」が女性会員946人を対象に実施した調査では、地方都市への引っ越しを伴う婚活に「とても興味ある」人が7・5%、「少し興味ある」人が31・3%でした。[注4]

実際に地方への移住経験がある人ではどうでしょうか。総務省による過疎地域への転居経験がある人を対象にした調査によると、都市部からの転居の際、結婚もしくは離婚が転居のタイミングとなった人は12・1%でした。また、移住前の居住地に関係なく移住経験者のうち、結婚もしくは離婚が転居のタイミングになった人の割合は、男性が8・4%、女性は24・2%となっており、移住と結婚・離婚の関連性には男女間で大きな差があることが明らかになっています。[注5]

移住婚を促進する民間団体や、民間団体と自治体の成果も確認してみましょう。

移住婚をいち早く提唱し、自治体と連携した移住婚促進に取り組んできた一般社団

注3: タメニー株式会社「「地方移住婚」に関するアンケート調査結果」2024、https://prtimes.jp/main/html/rd/p/000000727.000006313.html

注4: オミカレ「「移住婚活」に関する意識調査　オミカレ婚活実態調査」2023、https://prtimes.jp/main/html/rd/p/000000128.000020019.html

注5: 総務省「過疎地域への移住者に対するアンケート調査結果」2018.

法人日本婚活支援協会によると、２０２０年8月の募集開始から２０２４年3月末までに、全国8道府県の受け入れ自治体に合計１千87名の移住・結婚希望者を紹介、これまで20組以上の交際進展カップルが誕生したと発表しています。[注6]

これらの調査結果は、婚活実施者の間で移住婚への興味関心は広がりつつあることがうかがえます。一方で、実際に結婚を機に移住するケースや、移住婚支援を活用して交際・結婚に至るケースはわずかであるという実態が示唆されます。

移住＋結婚という二重の介入をめぐる論点

移住婚をめぐっては、いくつかの課題や論点も指摘されています。

１つ目の課題は、移住婚支援へのニーズの有無です。一例として、宮古島市の事例を見てみましょう。宮古島市が、少子化対策と若年層の移住定住促進を目的に実施した「結婚新生活支援事業」では、２０２３年度の申請件数は想定していた１５５世帯を大きく下回る51件（交付決定は47件）でした。[注7] 期待と成果が一致しないこのような結果は、宮古島市のみならず他の自治体でも散見されます。要因として、制度の周知不足、手続きの複雑さへの懸念、ニーズの少なさなどがあります。自治

注6：一般社団法人日本婚活支援協会「自治体向け結婚支援サービス】婚活協会の「移住婚」令和6年5月より『岐阜県飛騨市』受け入れ開始のお知らせ」2024、https://konkatu.or.jp/press_release2024_0508_01/

注7：宮古毎日新聞「申請わずか51件／結婚新生活支援事業」2024年5月12日．

体が移住と結婚をダブルで促進したいと一石二鳥思考で事業を実施しても、人口減少、少子高齢化の時代にあり、日々の仕事や生活で忙しない中で制度を実際に利用する人は限られます。参加対象者や対象世帯条件の緩和の他に、移住婚支援を望む人がどこまでいるのかを、正しく把握する必要があるでしょう。

2つ目の課題は、個人の選択である移住と結婚の促進・支援に、自治体がどこまで介入すべきかという点です。〝移住に対して国や自治体がどこまで介入すべきか〟は本書全体の問いでもありますが、これは結婚にも当てはまります。移住婚の促進は、いわゆる「官製婚活」[注8]の一形態ですが、官製婚活に対しては官学それぞれから問題を指摘する声があります。

例えば社会学者の斎藤正美氏は、少子化対策としての官製婚活における個人の私的領域への介入、結婚・妊娠に関わる施策の総ぐるみ一体化による強要は、性的マイノリティ、結婚したくない人、子どもを持ちたくない人、子どもを持てない人などを排除した政策となっている面があると指摘します。[注9]また、一部の自治体からも、結婚するかどうかは人の生き方そのものであり、個人の価値観に関することに公権力が介入すべきではないという意見が挙げられています。[注10]

移住婚促進の特殊性は、移住と結婚という2つの個人の選択に対し、同時に政策

注8: 官製婚活とは、国や自治体が政策的に行う結婚支援事業です。行政による婚活イベントやマッチングアプリの開発、婚活に対する金銭的支援などが該当します。

注9: 斎藤正美「Choose大学 公共政策と公共性～官製婚活から考える～ 第1回「官製婚活」って何?」2021、https://youtu.be/qCUGSpQY34s?si=GS84UllWf4G8boeW

注10: 読売新聞「自治体が婚活サポート、出会いの場提供はやりすぎ?…「若者は奥手だから」「価値観の押し付け」」2023年12月15日、https://www.yomiuri.co.jp/life/20231214-OYT1T50193/

的に介入すること、そしてそれによって、それぞれの選択を個別に促進するよりも強い介入になり得ることにあります。また、婚活支援という面でみると、なぜ移住者・移住希望者という特定の人々に対してだけ、支援を厚くするのかを問う意見もあります。自治体は、限られた予算の用途として移住婚の促進が妥当であるのか、その公共性や正当性について改めて議論・再検討する必要があるでしょう。

【図表2】 自治体による移住婚促進の広報媒体例

出典：（上）https://konkatu.or.jp/north_shinsyu20240928/、（下）https://www.kyotokan.jp/event/event-3694/

02-04

ダウンシフト／ダウンシフター
「稼ぎが減ってでも移住した人は多い」説のウラ・オモテ

「収入が減ってでも移住したい人は多い」は本当か？

「収入は減ったけど、移住できて幸せです」「お金よりも大切なものを、移住して見つけました」――こうした語りはメディアでよく目にするものです。実際に様々な地域に足を運び、話を聞く中でも、こういった声は聞きます。[注1]

2010年代後半頃から、減収を前提に生活を見直し、自分にとって意義のある暮らし方を実現する人たちを指す「ダウンシフター」という概念が、日本でも広まっています。フランスの経済思想家セルジュ・ラトゥーシュらによれば、ダウンシフトとは資本主義による行き過ぎた経済成長至上主義によって人びとの生活時間や労働が圧迫されたことを受けて、人間としての豊かな生活を取り戻すために収入や労働時間の減少を受け入れる実践や思想です。[注2] 資本主義に象徴される都市的ライ

注1: 地方移住すると収入が減少する可能性が高いことは、各種統計からも示唆されます。例えば、令和4年度の都道府県別賃金によれば、東京都(375万5千円)に対して、青森県や宮崎県では250万円を下回る状況にあります(厚生労働省、「令和4年賃金構造基本統計調査」2023)。

注2: セルジュ・ラトゥーシュ,ディディエ・アルパジェス、『脱成長(ダウンシフト)のとき：人間らしい時間をとりもどすために』未来社、2014.

フスタイルやワークスタイルから決別し、「脱消費主義」「脱資本主義」な生き方を実践するために移住する人が増えている、このような形で特に若い世代の地方移住現象が説明されることも少なくありません。

ダウンシフターは、移住者の23・4％にとどまる

では、多くの移住者・移住希望者は収入の減少を受け入れたダウンシフターもしくは、ダウンシフトを許容する人びとなのでしょうか。各種調査の結果からは、「地方移住者・移住希望者＝ダウンシフター」とは少し異なる実態が明らかになっています。

一般社団法人移住・交流推進機構が20代～30代の既婚男女で、地方移住に興味がある5百人を対象に、地方移住する場合の世帯年収の増加の希望範囲・減少の許容範囲を調べた結果、収入の減少を許容できる回答者は全体の31・2％に留まることが明らかになりました（**図表1**）。詳しくみてみると、減少を許容できるのが31・2％、現状と変化なし程度が好ましいと回答したのが39・2％、収入の増加を希望したのが29・6％でした。つまり、若年層の既婚男女で移住希望する人の約7割は

ダウンシフトを許容できないと考えています。

別の調査結果もみてみましょう。パーソル総合研究所が移住経験者を対象に移住した際の収入増減の平均を調査したところ、変動なしが58・6％、増収が18・0％、減収が23・4％という結果になりました。ダウンシフターは約4分の1程度だったのです。[注3]

世帯年収が多い、年齢が高いとダウンシフトを許容する傾向

では、属性によってダウンシフトの許容範囲は変化するのでしょうか。移住・交流推進機構の調査結果のうち世帯年収に着目すると、年収5百万円未満の層では世帯年収の増加を希望する回答が多く、5百万円以上、特に7百万円以上では減少

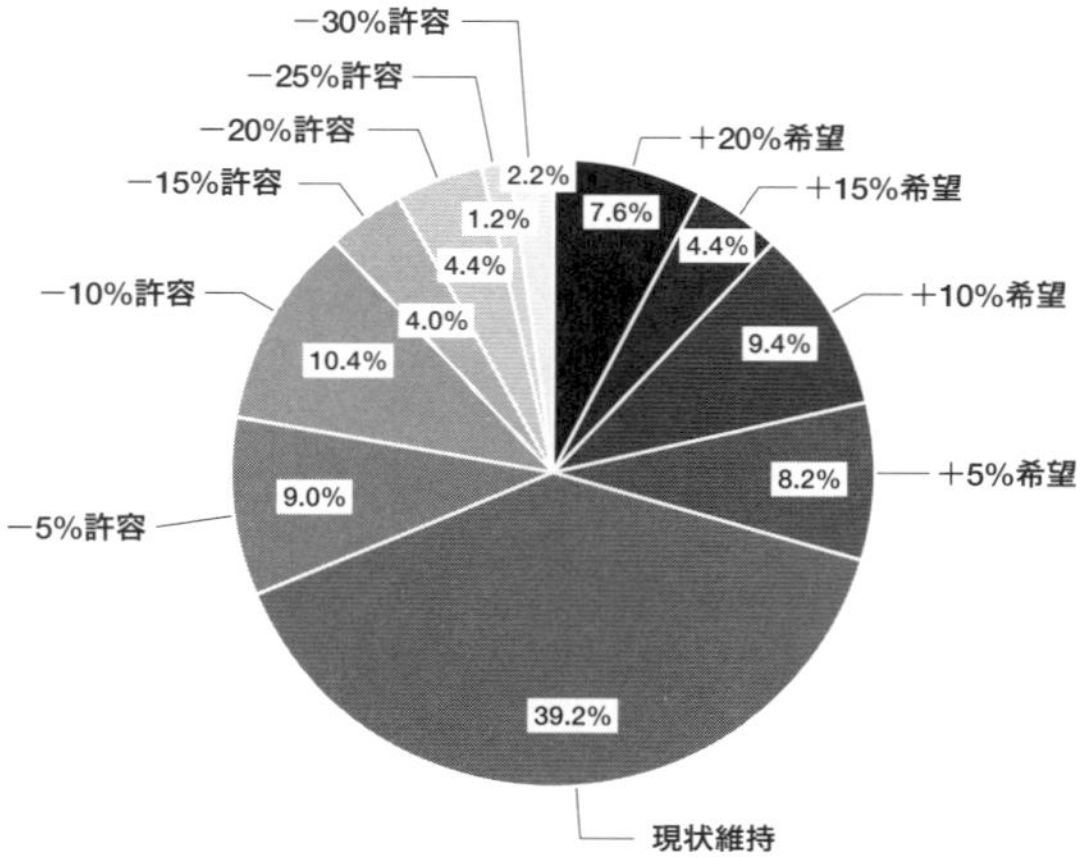

【図表1】 移住する場合の世帯年収の増減許容範囲

出典：一般社団法人 移住・交流推進機構,2017,「「若者の移住」調査【結果レポート】」をもとに筆者作成

注3：　パーソル総合研究所,「地方移住に関する実態調査(PHASE1)」2022

を許容する人が多いことがわかりました。また、パーソル総合研究所の調査結果のうち移住希望者の世代に着目すると、20代では46・7％が「減収は考えられない」と回答している一方で、60代になるとその数は19・1％に減少し、年代が高いほど年収の減額を許容する傾向にあることが明らかになりました（**図表2**）。

これらを踏まえると、「多くの移住者は収入の減少を受け入れているダウンシフターである」という認識は、誤りであると言えます。移住に伴うダウンシフトを許容するのは、社会階層や世代が高い層であり、若年層で収入的にも決して余裕があるとは言えない層では、移住によって収入が下がることを望まず、多くが「維持」か「増加」を望んでいるのです。

現代でも、収入をめぐる不安のケアが大切

筆者がある地域で地域おこし協力隊への聞き取りをした際

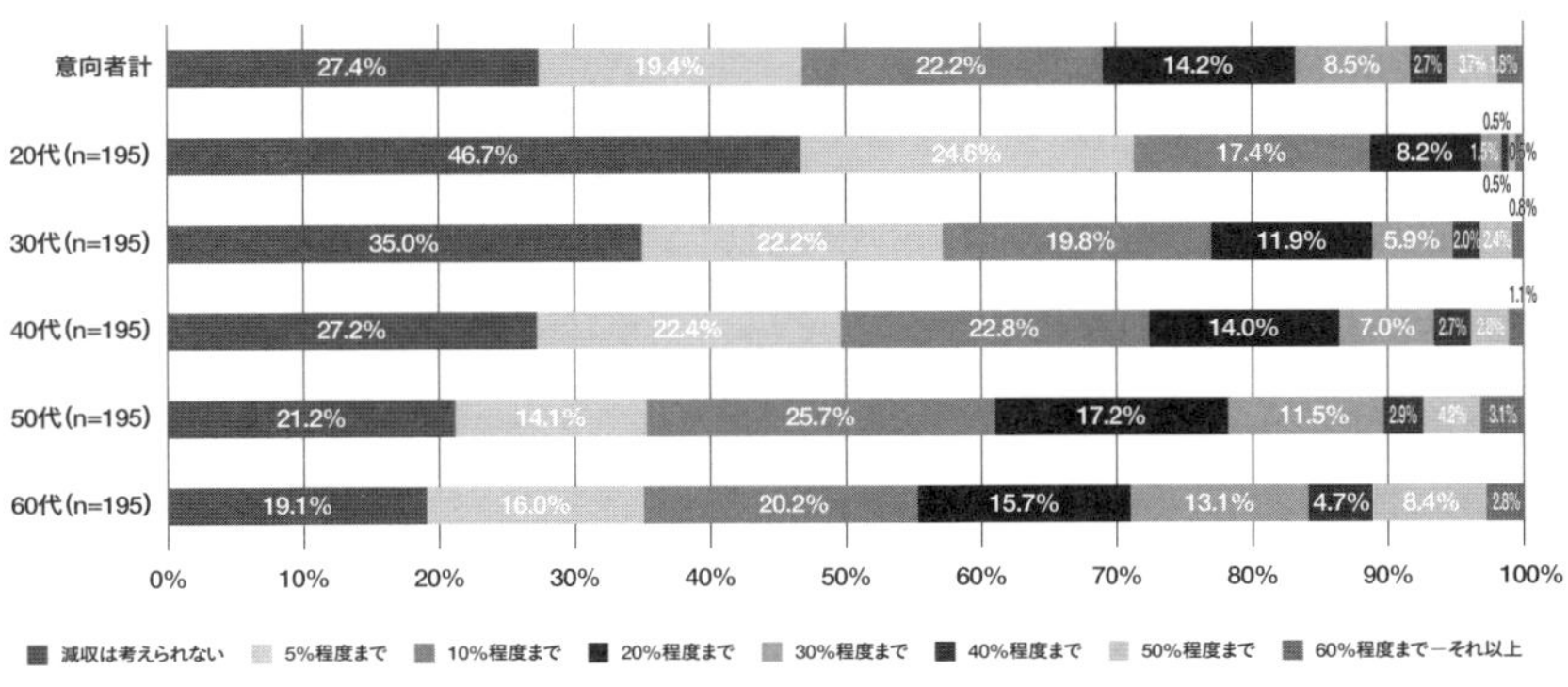

【図表2】 移住した際の年収減少についての許容範囲（年代別）

出典：パーソル総合研究所,2022,「地方移住に関する実態調査（Phase1）」をもとに筆者作成

にも、似た傾向をつかみました。協力隊制度は、地方移住とその後の定住定着を望む隊員の期間中の収入確保に大きく貢献しています。そのため、聞き取り中では「慣れない環境で暮らすことが少し大変だなと思ったので、まずは収入面で安定したいと思い協力隊の制度を使いました」「協力隊になりたいという気持ちは最初からありました。3年間給料が保証されていて、普通に生活ができるのは大きいですよね」といった声が聞かれました。このとき、調査に協力してくれた隊員にとって、移住の際の収入の価値順位付けは高く、特に年収が低い隊員ほど「お金がなくてもいいから移住したい」という価値観では移住を決断していませんでした[注4]。

地方移住に関する話題ではときに、ダウンシフターに代表されるように金銭的価値よりも生活の質や豊かさが大切、という語りを多く見聞きします（後述の「ライフスタイル移住」にも象徴されます）。しかし、地方移住者・移住希望者のマジョリティが収入の維持や増加を望んでいることは、押さえておくべきでしょう。仕事や収入確保をめぐって自治体にできることは決して多いとは言えませんが、現在でも、産業政策、雇用の場の創出が人びとの暮らしの場の選択と密接に関連することを忘れてはいけません。

注4：伊藤将人,2023,「地域おこし協力隊制度の分析によるモビリティと政策の関連性の一考察——Kaufmanのモティリティ概念 アクセス・スキル・認知的充当に着目して——」『一橋社会科学』15: 53-62.

02-05 介護移住

高齢化社会ならではの地方移住の在り方

2025年問題と、介護移住・高齢者の地方移住への関心の高まり

移住促進では、若者や子育て世代に関心が集まる傾向があります。しかし、団塊の世代（1947年から1949年生まれ）が75歳以上となる2025年に向けて、いま改めて高齢者の地方移住への関心が集まっています。

高齢者にかかわる地方移住のうち、介護を見据えた移住は、「介護移住」とも呼ばれています。介護移住には、2つの意味合いがあります。1つ目は、高齢者自身が老後のウェルビーイングの向上を目指したり、特に介護サービスを受けたりするために地方移住するパターンです。2つ目は、高齢者自身の地方移住ではなく、両親や祖父母の介護のために、子どもや孫など親族が移住するパターンです。介護移住を論じる際には、この点を混同せずに議論することが重要です。

高齢者の地方移住促進をめぐる歴史

急速に高齢化が進行する日本社会では、これまでも度々、高齢者本人が老後や介護を見据えたり、介護を受けたりするための地方移住や、高齢者を介護するための地方移住が注目を集めてきました（**図表1**）。

1990年代前半、島根県隠岐郡西ノ島町が、都市生活経験を持つシルバーエイジの移住促進を目的とした「シルバーアルカディア事業」を全国に先駆けて始めました。その後、団塊の世代の一斉退職（2007年問題）により地方移住が加速するのではないかという期待から、2000年代中頃以降、国や地方自治体による団塊の世代の移住促進が生じました。さらに、2016年以降は地方創生の一環として中高年齢層の移住に重点を置いた「生涯活躍のまち（日本版CCRC）」が本格的に推進されました。

1986年	「シルバーコロンビア計画92」が頓挫
1992年	島根県隠岐郡西ノ島町 シルバーアルカディア事業開始
1998年	定年帰農特集を特集した『現代農業』1998年2月増刊号がヒット
2002年	北海道伊達市 ウェルシーランド構想開始
2002年	団塊の世代の移住促進を掲げたNPO法人ふるさと回帰支援センター設立
2007年	団塊の世代の一斉退職(2007年問題)に伴う地方移住に関心が高まる
2012年	定年延長により2007年問題が先伸び、2012年問題として関心が高まる
2015年	日本創成会議が「東京圏高齢化危機回避戦略」を公表
2016年	生涯活躍のまち(日本版CCRC)の推進が本格化
2025年	団塊の世代が後期高齢者となる2025年問題への関心が高まる

【図表1】 高齢者の地方移住・介護移住をめぐる話題の変遷

出典：筆者作成

しかし、特に国による高齢者の移住促進は、自治体の財政的な負担の増加、都市の論理による地方への負担の押しつけなどの観点から批判し避けられてもきたため、政策として成功したとは言えない状況です。また、団塊の世代の移住促進や日本版ＣＣＲＣをめぐっては、見通しの甘さや推計の信憑性の低さも指摘されています。注1

こうした中で、およそ20年以上にわたり、高齢者の移住促進に取り組んでいるのが、北海道伊達市が２００２年（平成14年）から行なっている「伊達ウェルシーランド構想」です。そこで以降は、伊達市の取り組みから高齢者本人が老後の豊かな生活や介護も見据えて行う移住の促進に関するヒントを探ってみましょう。

ウェルシーランド構想にみる、持続可能な高齢者移住モデル

伊達ウェルシーランド構想は、少子高齢化が進む中で、高齢者が安心・安全に暮らせるまちづくりを進めると同時に、高齢者のニーズに応える産業（高齢者向け住宅の充実・モビリティサービスなど）を創出することで雇用も促進して、豊かなまちづくりを目指す取り組みとして始まりました。ポイントは、移住促進が独立した取り組みではなく、様々な事業との連関の中で位置づけられてきた点です。また、構想自体の上

注1：　伊藤将人「なぜ団塊世代の地方移住は積極的に促進されたのか―国の研究会報告書における移住促進言説の正当化／正統化戦略に着目して―」『地域政策研究』2023, 31: 40-49. 藤浪匠「高齢者移住と地域活性化―高齢者誘致戦略の可能性と限界」『JRIレビュー』2015, 29.

位目的は、常に構想の実現による地元住民を含む、定住化の促進にあります（**図表2**）。[注2]

2002年に官民協働による「伊達ウェルシーランド構造プロジェクト研究会」を発足して以降、高齢者が安心して居住できる伊達版安全ハウス制度や伊達版優良田園住宅、60歳以上を対象とした会員登録制の乗合タクシー、伊達版ライフモビリティサービスなど様々な取り組みを行なってきました。

伊達ウェルシーランド構想が、高齢者の移住促進事例として長期にわたり成立し、持続可能なモデルを確立できた理由は3つあります。

1つ目は、「先駆性」です。2007

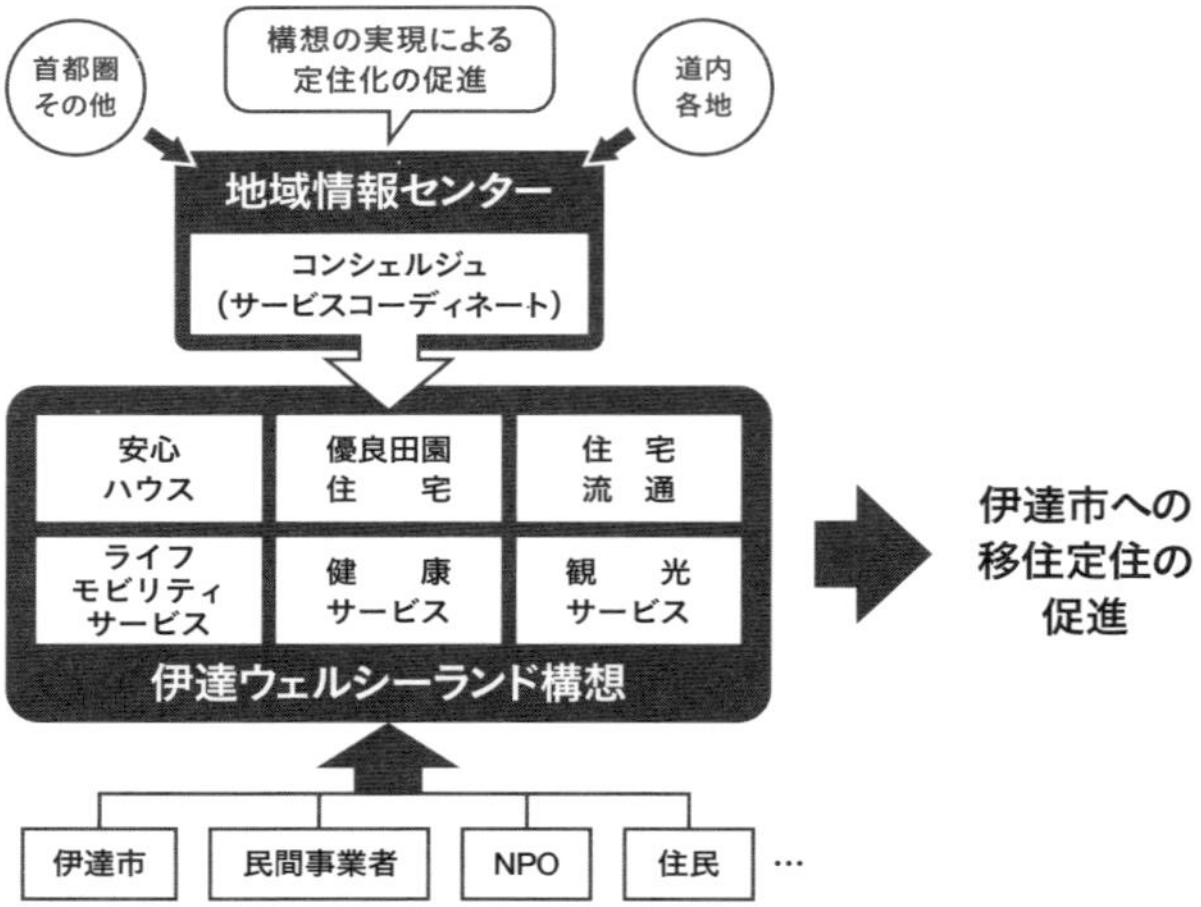

【図表2】 伊達ウェルシーランド構想の全体像

出典：https://www.city.date.hokkaido.jp/hotnews/files/00001400/00001431/20230530085722.pdf

注2：北海道伊達市「”伊達ウェルシーランド構想“概要」2016, https://www.city.date.hokkaido.jp/hotnews/files/00000400/00000453/20160829164858.pdf

年問題に向けて国や多くの自治体が団塊の世代の移住促進に本腰を入れ始めたのは２００４年、２００５年頃でした。しかし、伊達市は民間や有識者とのネットワークを活かし高齢者の地方移住に早い段階から着目、結果として多くのメディアや国の研究会などで取り上げられる事例となりました。

２つ目は、「構想段階からの官民連携」です。構想を進める上で立ち上げた検討協議会は、行政主導の体裁を取りながらも、市内の金融・住宅・不動産・福祉など各分野で活躍する若手経営者の参加を募り、公金からの財政出動ができる限り発生しない形で進められました。[注3]

３つ目は、「人口の増加を目的としない」姿勢です。伊達市の担当者は、移住促進で成果を出すポイントについて、次のように語っています。

「『人口を増やすにはどうすればいいか』という観点で検討しないことです。人口を増やすことに縛られると、なかなかアイデアも出にくいですし、話が進みません。今回の当市の取り組み自体は人口を増やそうとして始まったものではなく、『高齢者が住み続けたいと思うまちをつくろう』というのが原点。[注4]」

注3:　『選択』2008、3月号

注4,5:　髙田真次「「このまちいいね」と言ってもらえる環境づくりがカギ」自治体通信ONLINE、2020.12.04、https://www.jt-tsushin.jp/articles/case/jtor_date.

伊達市のように、人口増加や移住促進を目的とせず、住み続けたいと思う人を増やすまちづくりの一環として、高齢者本人が老後の生活や介護を見据えたり、介護を受けたりするための地方移住を位置づけることは、消耗しない、持続可能な移住促進を実現する上で重要です。それが結果として、新たな産業の創出や、それを担う若者の転入・定住につながっていくのです。

なお、高齢者の移住促進をめぐって最も議論になるのは、「高齢者を誘致することで医療費や介護費の増大につながらないか」という論点です。各自治体が置かれた状況によって異なりますが、伊達市の場合は医療費や介護費の増大には結果的に繋がらなかったため、マイナスの声が自然となくなっていきました。[注5] また、行政が民間主体のボランティア組織に権限を与え、民間組織はマーケティングなどの専門家に意見を求め、まちづくりの過程も市民に公開したことで、[注6] 懸念された費用の課題を乗り越えると同時に、その他のポジティブな効果を市民が実感できたことも、マイナスな声が自然となくなった理由の1つでしょう。

高齢者の地方移住や介護移住をめぐっては、ときに差別的とも言える批判の声が挙がります。特に顕著なのが、財政圧迫への懸念とあわせて、若者と比較して人材としての有用性が相対的に低いことをあげつらう声です。しかし、高齢者を「人材

注6: 土木学会「【第5回】高齢者はまちの宝!伊達市ウェルシーランド構想」、2006、https://committees.jsce.or.jp/engineers/bn5

として使えない」「お金がかかるからいらない」といった判断は、本来、多様なライフスタイルで、多様なニーズや地域と関わり方を有するはずの高齢者を一括りに捉え単純化してしまう点で問題があるでしょう。

現代版姨捨《おばすて》山とも揶揄される高齢者の地方移住促進ですが、姨捨山の物語では、高齢の母の知恵によって国が救われ、姨捨のお触れが無くなり物語は終わります。長年の経験によって培われた知見は、現代でも地域への参加の場や活躍の機会を適切に整えることで、人口減少社会において地域を救う力となります。２０２５年問題でも、甘い期待や杜撰《ずさん》な推計を根拠とした過度な高齢者の移住促進は避けられなければなりませんが、同時に、高齢者の地方移住や介護移住の可能性についてデータと実態に即して議論を重ね、受け入れ体制を整えることも、１つの選択肢として検討する意味があるのではないでしょうか。

02-06

関係人口
関係しない人口という新たな視点

移住促進から関係人口促進へ？

2010年代後半から関心が高まる「関係人口」をめぐっては、地方移住との関連性がしばしば議論の的になります。社会学者で関係人口研究の第一人者である田中輝美氏は、関係人口を「特定の地域に継続的に関心を持ち、関わるよそ者」[注1]と定義していますが、他の文献にも目を向けると論者によって定義は様々なことがわかります（**図表1**）。

定義者	定義
高橋博之（2016）	交流人口と定住人口の間に眠るもの
指出一正（2016）	地域に関わってくれる人口。自分でお気に入りの地域に週末ごとに通ってくれたり、頻繁に通わなくても何らかの形でその地域を応援してくれるような人たち
田中輝美（2017）	地域に多様に関わる人々
小田切徳美（2018）	地方部に関心を持ち、関与する都市部に住む人々
河井孝仁（2020）	地域に関わろうとする、ある一定以上の意欲を持ち、地域に生きる人々の持続的な幸せに資する存在
田中輝美（2021）	特定の地域に継続的に関心を持ち、関わるよそ者
総務省（2018）	移住した「定住人口」でもなく、観光に来た「交流人口」でもない、地域と多様に関わる人々
国土交通省（2021）	日常生活圏や通勤圏以外の特定の地域と継続的かつ多様な形で関わり、地域の課題の解決に資する人などのことである

【図表1】「関係人口」をめぐる様々な定義　出典：筆者作成

注1:　田中輝美『関係人口の社会学―人口減少時代の地域再生』2021、大阪大学出版会.

２０２２年（令和４年）閣議決定の「デジタル田園都市国家構想」や２０２３年（令和５年）閣議決定の「第三次国土形成計画」、２０２４年（令和６年）成立の「食料・農業・農村基本法改正法」などから国の動向を分析すると、その方針の比重が地方移住促進から徐々に関係人口促進へと傾きつつあることが読み取れます。

今後の国土計画の指針を示す重要な政策文書である「第三次国土形成計画」には、「移住」が28回、「二地域居住」が18回に対して、「関係人口」は55回登場します。ただし、国の目標である「２０３２年度に関係人口をコロナ禍前の1.5倍にする（2千万人→3千万人へ）」は、推計として楽観的過ぎる印象のため、国が描いたとおりに関係人口が増えていくのか、認知度が拡大していくのかは不透明です。

地方移住と関係人口、どちらのほうが重要ということはできませんが、大きな潮流を踏まえた上で、関係人口と地方移住の関連性をどのように位置づけていくか、目指す地域の姿から逆算して考えることが求められています。

関係人口の促進は、移住促進にも一定程度の効果がある

関係人口と地方移住の関連性を議論する際、最も気になるのが「関係人口は地方

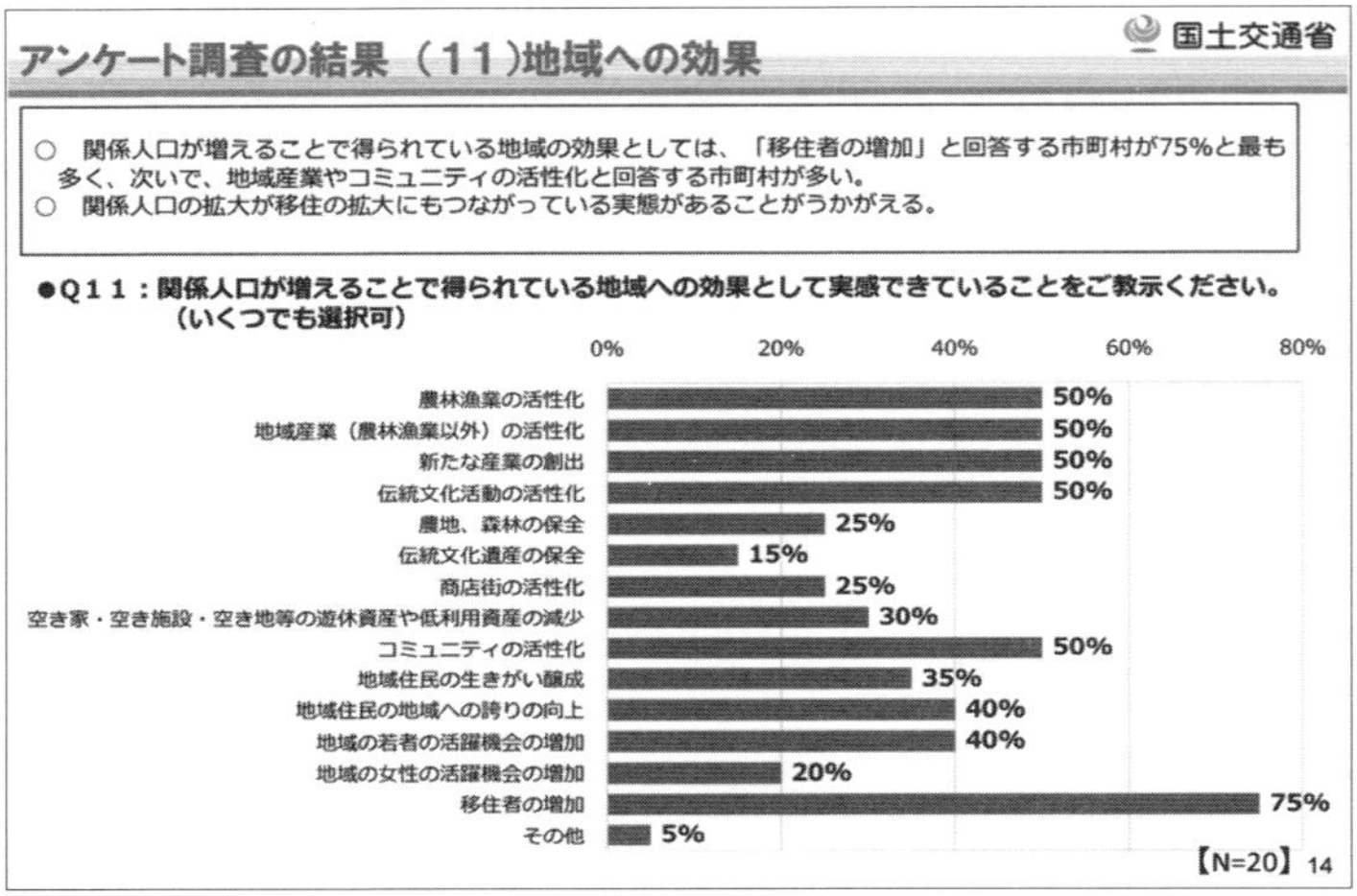

【図表2】 関係人口増加の地域への効果　　出典：国土交通省（2022）

移住を促すのか？」ではないでしょうか。そこで以下では、様々な調査や言説に基づいて関係人口と地方移住の関連性をみていきましょう。

国土交通省が2022年（令和4年）に三大都市圏以外で人口当たり関係人口が多い30市町村（回答は20市町村）を対象に実施した調査[注2]では、75％の市町村が「移住者の増加」を関係人口増加の効果として実感していることが明らかになっています（**図表2**）。これは、各種産業や地域の活性化などをおさえて選択肢の中で最も高い値でした。このことから国土交通省は、関係人口の拡大が移住の拡大にもつながっている実態があるとしています。

関係人口側を調査した結果もみてみま

注2：国土交通省「関係人口の創出・拡大に係るアンケート調査」2022、https://www.mlit.go.jp/kokudoseisaku/content/001488239.pdf

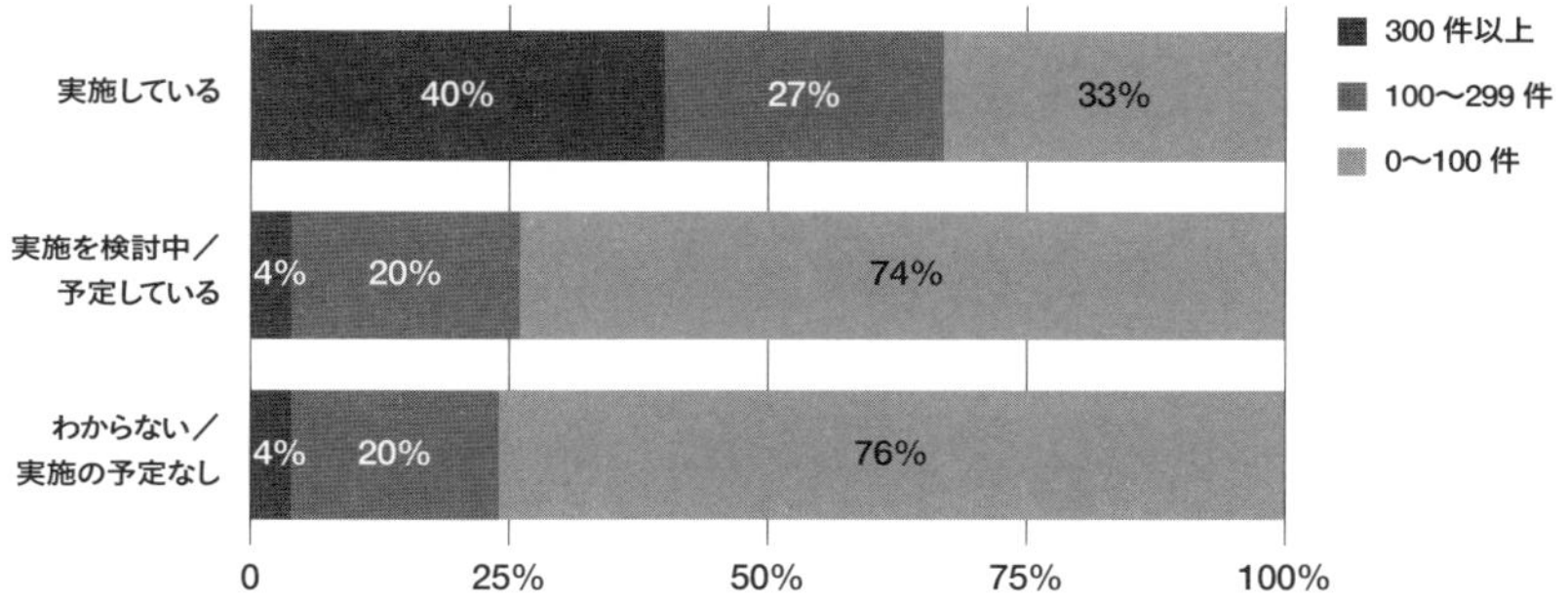

【図表3】オンライン関係人口施策の実施状況別に比較した移住問い合わせ件数
出典：株式会社キッチハイク「自治体DX調査」2022、
https://prtimes.jp/main/html/rd/p/000000131.000006899.html

しょう。東日本電信電話株式会社の地域循環型ミライ研究所と、株式会社ＡＮＡ総合研究所が共同で実施した、秋田県鹿角市における関係人口創出に向けた〝ワデュケーション〟実証[注3]によれば、ワデュケーションに参加し関係人口となった人のうち、70％が関係人口から移住への興味関心が高まったと回答しています。

自治体の取り組みもみてみましょう。株式会社キッチハイクが行なった自治体ＤＸ調査（84自治体85課が回答）によれば、移住増加に向けた取り組みとして、ＳＮＳやインターネット、ＷＥＢ会議システム等を通して現地への訪問を伴わずに地域とつながりを持つ「オンライン関係人口」創出に取り組んでいる自治体が一定

注3：ワデュケーションとは、work（仕事）、education（地域のことを学ぶ教育）、vacation（休暇）を組み合わせた事業のことを指す一般用語のワーケーションの一環としての取り組み（地域循環型ミライ研究所・三菱UFJリサーチ&コンサルティング「関係人口創出に向けた〝ワデュケーション〟実証と今後の課題」2024、https://www.ntt-east.co.jp/release/detail/pdf/20240124_05_02.pdf）。

数あること、またオンライン関係人口創出を実施している自治体は移住の問い合わせ件数が相対的に多いことが明らかになっています（**図表3**）。

以上の調査結果を踏まえると、関係人口創出の取り組みは、移住促進にもポジティブな効果をもたらす傾向があると言えそうです。

関係人口＝移住希望者・移住検討者ではない

ただし、関係人口と地方移住の関連を考える際には、いくつか留意すべき点も存在します。

1つ目は「関係人口＝移住希望者・移住検討者」では必ずしもないということです。関係人口のうち移住を意識している人は一部に留まり、関係人口がすべて移住を意識しているわけではありません。受入自治体の担当者からは、「関係人口創出を正当化するためには移住に結びつくことをアピールしなければならない」という声も聞きますが、関係人口＝移住予備群のような捉え方を前提にしてしまうと、関係人口に対して過度なプレッシャーを与えたり、「移住、定住かそれ以外か」という従来の二項対立的な発想から抜け出せなくなったりしてしまいます。あくまで、

「関係人口の中で移住に興味関心が湧いた人」が、移住へと前向きな検討と決断ができるような支援体制を整えることが重要です。

「関係しない人口」への着目の重要性

2つ目は、「関係しない人口」の移住定住可能性への着目です。関係人口に関する議論が社会的・政策的に急速に高まる一方で、地域と関わりたいという強い想いは、必ずしも全ての人が持っているわけではありません。むしろ内閣府の調査などから[注4]は、人間関係や地域コミュニティは地方移住の懸念材料となっている側面も読み取れます。

そこで提案するのが、「関係人口」ではなく「関係しない人口」への着目です。観光学を専門とする赤穂雄磨氏によると、「関係しない人口」とは「移住したにもかかわらず地元住民や地域とのつながりを意識しない、無関心な者、無関係でいたいと考える者」を指す概念です。都会から田舎への移動に固執しない、また移住先での活動や人々への関与の度合いが低い一方で、移住の実現度や実現のための知識度合いは高い者を指す概念でもあります。

注4：内閣府「第4回新型コロナウイルス感染症の影響下における生活意識・行動の変化に関する調査」2021.

関係人口から転換した移住者や田園回帰志向を有する移住者とは異なる文脈にある多様な移住者の姿は、関係しない人口に着目することで捉えられます。自治体や地域づくりの担い手を即座に要さない地域にとっては、あえて「関係しなくてもよい」とアピールすることで、これまでとは異なる層にアプローチできると赤穂氏は指摘しています。それだけにとどまらず、関係しない人口は「地域と積極的につながる人」や「地域の担い手となる人」の過度な理想化で支援の隙間からこぼれ落ちてしまう人々にも、支援や後押しの幅を広げることの重要性を示唆しています。

注5: 赤穂雄磨「貯蓄性向の変化で把握する「関係しない人口」の実態調査—多様な移住・定住人口の可能性—」『日本地域政策研究』2023、30: 42-50.

02-07

聖地移住
迎えられる側から迎える側になる

増えつづける聖地と地方移住

全国には5千315箇所もしくはそれ以上のアニメ・マンガの聖地が存在します。[注1]それらのスポットを観光することは聖地巡礼や聖地観光などと呼ばれ、地域活性化や地方創生の文脈で注目されてきました。近年、そうしたコンテンツの聖地に移り住むことが「聖地移住」と呼ばれるようになっています。

図表1は、主な聖地移住先の自治体名と作品をまとめたものです。必ずしも知名度が高い自治体でなくとも、聖地移住先となっていることがわかります。

聖地移住を地方移住促進に活かそうとする自治体も出てきています。アニメ「ラブライブ！サンシャイン!!」の舞台である静岡県沼津市は、希望者を対象とした移住相談会を開催。同作に登場するスクールアイドル「Aquours」メンバーの誕生日

注1: 日本経済新聞社地域報道センター編『データで読む地域再生「強い県・強い市町村」の秘密を探る』日本経済新聞社、2022、48-49.

【図表1】 主な聖地移住先と作品名
出典:産経新聞「アニメファンに広がる「聖地移住」 縁なき地で作品愛を貫く覚悟と現実」2024年1月29日

に、メンバーの実家のモデルとされる淡島ホテルで実施された移住相談会には15組21人が参加しました。市の担当者は「一般的な移住にはさまざま移住先の選択肢があるが、(ラブライブ!)のファンは沼津市以外を考えていないのが特徴的」と語っています。[注2]

聖地移住をめぐっては、聖地移住者100人が暮らす町もあると言われたり、聖地移住者は「全国に少なくとも200人~300人いる」と推計されたりしています。[注3] 移住者全体から考えると微々たる人数ですが、コンテンツの数が増える一方であることを考えると、今後ますます関心は高まるでしょう。

注2: 産経新聞「「ラブライブ」ファンの聖地移住に静岡・沼津市が熱視線 相談会に予約殺到」2024年2月20日.

注3: 京都新聞「聖地移住「全国に少なくとも200~300人」 研究者「ガルパン」「ラブライブ!」「けいおん!」など影響指摘」2023年12月7日、https://www.kyoto-np.co.jp/articles/-/1158201#goog_rewarded. 京都新聞「「からかい上手の高木さん」好きすぎて、小豆島に「永住考えています」聖地移住に自治体も期待」2023年12月6日、https://www.kyoto-np.co.jp/articles/-/1158203#goog_rewarded.

一方で、こうした動きに対して否定的な意見もあります。[注4] では一体、自治体は聖地移住とどのように付き合い、どのような支援や後押しを行なうべきなのでしょうか。

聖地移住が帯びる2つの特徴

ここからは、アニメ聖地6市町村の事例を分析した千葉郁太郎氏の研究を参照しながら、聖地移住の実態をみていきましょう。[注5] 千葉氏によれば、聖地移住には2つの特徴があります。

第一に、多くの聖地移住者は、聖地である地域を何度も訪問する中で、現地にある店舗の常連になったり、地元住民と関係性を築いたりしています。加えて、自身と同じようにコンテンツを愛し聖地巡礼する人ともつながりを形成しており、地元住民やファンとのつながりの積み重ねの上で移住していることが明らかになっています。こうした聖地移住者の移住プロセスは、関係人口（**02-06**参照）からの地方移住モデルに該当すると言えます。こうした聖地移住者の移住プロセスを表したのが**図表2**です。聖地移住者は、突発的・衝動的に移住を決めることは少なく、十分な時

注4:　昼間たかし「アニメが好きすぎて「聖地」に移住ブーム！ でも、地方取材多い私がイマイチ賛成できないワケ」2024年3月16日、https://merkmal-biz.jp/post/61515.

注5:　千葉郁太郎「アニメによる地方定住人口形成の可能性―市町村における聖地移住の事例研究を通して―」『地域活性研究』2023、18: 227-236.

間をかけて移住に至っているケースが多いこと、移住に至るプロセスにおける地域住民や他のファンとの交流が移住への思いを醸成していることがわかります。

第二に、千葉氏の聞き取り調査から、聖地移住者には、移住前後の意識変化として「聖地で迎えられる側から迎える側になった」という共通点があることが明らかになりました。ある聖地移住者が開いた飲食店が、聖地移住者の集うコミュニティとなって交流の場として機能するなど、聖地移住者が「迎える側」となって地域の新たな魅力を発見し、聖地巡礼者に発信しているのです。

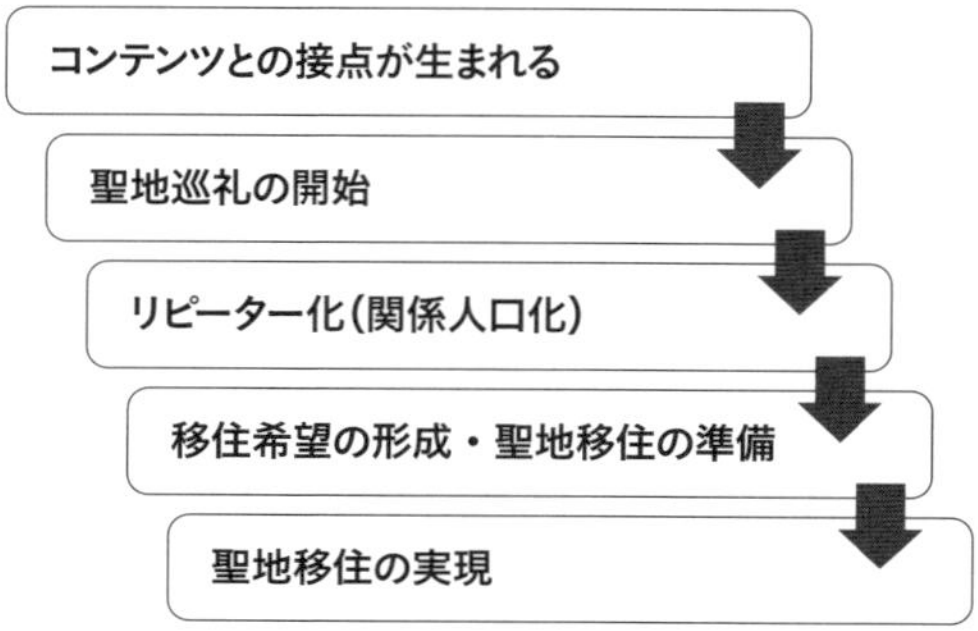

【図表2】 聖地移住が実現するまでのプロセス
出典：千葉(2023)をもとに筆者作成

聖地移住を特別視しない

ここまで、聖地移住の特徴をみてきました。昨今の聖地移住に対する関心には、それを特異で変わった現象として取り上げるメディアの姿勢も大きく影響を与えています。「地方移住」への関心と「アニメや漫画が好き」という嗜好を結びつける構造は、現代の若者の価値観の転換を象徴する題材として、注目を集めているのです。

しかし聖地移住と呼ばれる移動現象は、決して今に始まったことではありません。好きな映画を観て舞台となった地域に移住する、連続ドラマにハマって移住するという動向は、1980年代の連続ドラマ「北の国から」や、2000年代の朝の連続テレビ小説「ちゅらさん」などの作品でも存在しました。「聖地移住」というネーミングが、かつてなかった現象であるかのような見方を助長していますが、完全に新たな現象として捉えると、過去の事例を見誤ったり見落としたりするため、注意が必要です。

また、聖地移住は、「たまたま自身が好きになった・ハマった・趣味にした対象と地域が関連するから移住に至っただけ」とも言えます。突き詰めて考えれば「スノーボードが好きで雪が多い地域に何度も通っていたら移住したくなった」「応援しているサッカーチームの応援で何度も遠征していたら移住したくなった」といった地方移住の過程と、聖地移住は大きく変わらないという見方もできます。

今後、フィルムコミッションやロケツーリズムのさらなる高まりにより、聖地移住と呼べるケースは増えてくるかもしれません。その際、「聖地移住を促進するためにコンテンツを誘致する」というアイディアは本末転倒であり、望ましくありません。聖地移住は結果論であり、特定のコンテンツがどの程度愛されるか、人の移動につながるかを予測することは不可能です。

また、あわせて気をつけなければならないのは、聖地移住に対して「アニメが好きな人は、こういうものが好きだろう」「この映画が好きな人は、こういう人だろう」と、過度な先入観やバイアスをもって対応することです。聖地巡礼先として愛される地域のお店や交流ネットワークを主催する人たちと連携し、当事者の声を反映しながらも、特別視した移住促進施策を講ずるのではなく、普通の移住者として好きな地域に移り住む支援やサポートを行なうことが大切です。

02-08 ライフスタイル移住

経済的成功から生活の質を重視する移住へ

経済的な成功や立身出世とは異なる動機づけによる移住

地方移住に社会的・政策的な関心が集まる理由の1つとして、従来とは移動の動機づけが異なってきていると指摘されることがあります。

戦後の日本は、三大都市圏や東京圏への人口集中傾向が一貫して続いてきました。その際の移動は、経済的な成功や立身出世など、主に経済的・金銭的な動機と関連づけて説明されてきました。しかし、「ダウンシフター」(02-04参照)で詳しく解説したように、大都市圏からそれ以外の地域への移動は、逆方向の移動と比較して、収入が減少する可能性が相対的に高くなります。そんな中でも地方を目指す人々が目立つ理由を考える手掛かりにしたいのが「ライフスタイル移住」です。学術的な概念でもあるライフスタイル移住は、移住促進の現場で見聞きする様々な生き方や選択を解釈する手助けになります。

ライフスタイル移住とは何か？

提唱者であるイギリスの社会学者ベンソンとオライリーによれば、ライフスタイル移住とは「個人にとっての質の高い生活の追求や自己実現を動機に行われる移住・移動」を指す概念です。[注1] ライフスタイル移住は地方移住だけを捉える概念ではなく、退職移住や余暇移住、反都市化、別荘・二地域居住、アメニティ追求、季節移住などが当てはまります。[注2] つまり、経済的要因を主な動機づけとする従来の移住以外の移住の動機や意味を解釈しようとする概念です[注3]（**図表1**）。もちろん、現在も従来のような経済的動機で地方を含む様々な地域へ移住する人は存在すること、ダウンシフトを許容する人は少ないこと

移住の動機

- オルタナティブな、これまでとは異なるライフスタイルの追求
- 自己実現の機会の模索
- 農村らしさ・田舎らしさへの魅了、田園回帰
- 都市的な文化（資本主義・消費主義）の否定
- 観光を契機とする

移住後のライフスタイル

- ワーク・ライフバランスの重視
- 生活の質・質的に豊かな暮らしの追求
- 経済的な制約からの開放

【図表1】 ライフスタイル移住の特徴　　出典：筆者作成

注1：O'Reilly, K. and Benson, M.（2009）：“Lifestyle Migration: Escaping to the Good Life?.” In Benson, M. and O'Reilly, K. Lifestyle Migration, London: Routledge: 1-13

注2：Benson, M. and O'Reilly, K(2009b): “Migration and the search for a better way of life: a critical exploration of lifestyle migration,” The Sociological Review, 57: 608-625.

注3：Benson, M. and O'Reilly, K.（2016）：“From lifestyle migration to lifestyle in migration: Categories, concepts and ways of thinking,” Migration Studies, 4: 20-37.

などには留意しましょう。

ライフスタイル移住に関する研究を整理した地理学者の綱川雄大氏によれば[注4]、国内の研究では、ライフスタイル移住者は、経済の低迷や移住前の仕事・働き方への違和感をしばしば引き金とし、生きがいやスローライフを追求した結果として、地方への移住に至っていることが共通点として明らかにされています。

ライフスタイル移住のきっかけ

次に、ライフスタイル移住のきっかけや仕事に着目して特徴を探ってみます。

ライフスタイル移住のきっかけとしては、まず「農村らしさ」や「田舎らしさ」への魅了があります。このパターンでは、主に農村に残る古き良き共同体精神や、大地とともにシンプルで豊かな生活が送れることへの期待があります。

次に、都市的文化の否定という動機づけもあります。例えば筆者のインタビュー調査では、「東日本大震災を機に東京のリスクが身にしみた」（2010年代前半に地方へと移住した人）、「コロナによって密な東京に住みたくなくなった」（2020年代前半に地方へと移住した人）などの語りが聞かれました。これらは都市を否定し、地方に身を置く

注4:　綱川雄大「ライフスタイル移住概念を通してみる日本の人口移動研究」『文学研究論集』、2023、58: 57-72.

ことで、自身を再定義することを目指すライフスタイル移住のパターンだと言えるでしょう。

さらに、観光とライフスタイル移住の密接な結び付きも見て取れます。ライフスタイル移住を決断する上で、過去に観光で訪れた経験は大きな影響を与えることが多くの研究で指摘されています。[注1]

ライフスタイル移住と仕事

ライフスタイル移住は、経済的な成功や立身出世とは異なる動機づけによる移住であると説明しました。それでは、ライフスタイル移住者はどのような職業や働き方を選択しているのでしょうか。環境学や地理学を専門とする石川菜央氏によれば、[注5]ライフスタイル移住者の仕事は主に3つに分類できます。

1つ目は、移住前の収入源との関わりを維持するものです。移住前から勤める会社に移住先から通勤したり、地方の農村に暮らしながら都市部の取引先とオンラインで連絡を取って移住前と同じ事業を継続したりする例などが挙げられます。昨今では転職なき移住やテレワーク移住、リモートワーク移住などと呼ばれる移住が当

注5: 石川菜央「ライフスタイル移住の観点から見た日本の田園回帰」『広島大学総合博物館研究報告』、2018、10: 1-11.

てはまります（02－10参照）。

2つ目は、移住者が何らかの特徴的なスキルや能力を持って移住し、それを活かして移住先におけるワークライフバランスのとれた暮らしを志向するものです。具体的には、地方に従来とは異なる視点や価値観を持ち込む存在として、まちづくりの文脈でも期待される広義のアーティストやクリエイターなどが当てはまります。昨今、欧米ではクリエイティブ人材が都市にいるのに対して、日本ではそういった人たちが農山村、中山間地域などの条件不利地域にいて地域に関わっているという指摘や、地域のイノベーションを主導するのはクリエイティブ人材であり、彼らが集積する地域から次々と地域創生の動きが出てくるのではないかという指摘もあります。[注6／注7] ただし、こういったスキルや能力を有する人たちに対して、まちづくりや地域活性化に〝役立つ〟存在として過度に期待したり、新たな風を吹かせることを求めたりすることには注意が必要です。

そして3つ目は、仕事を移住先に対応したものに変えることです。移住者による起業（02－01参照）、現地の会社における雇用などがこれに当てはまります。アメリカのライフスタイル移住者を研究した人類学者のホーイは、ライフスタイル移住者にとって、所属する会社で自分を値踏みしたり、自己を犠牲にして会社に忠誠を尽く

注6：小田切徳美・藤山浩・伊藤洋志・尾野寛明・高木千歩『日本のクリエイティブ・クラス』、2016、農文協.

注7：野田邦弘「徳島県神山町―クリエイティブ人材を誘致する驚異の「創造的過疎」の地域づくり―」2013.「アートが地域を創造する」『アートがひらく地域のこれから』、2020、ミネルヴァ書房.

せば最後に報われて幸せになれると考えたりする「アメリカンドリーム」の思考が過去のものになりつつあるとし、[注8]背景には経済成長の行き詰まりや世界情勢に対する不安があると指摘しています。[注5]約20年前の研究ですが、2020年代の日本のライフスタイル移住にも当てはまる指摘だと言えるでしょう。

こうした変化については、家族や地域社会に代表される社会の流動化、新自由主義と労働市場の不安定化、経済のグローバル化など、地方農山村だけに留まらない日本全体、世界全体の大きな動向と結びつけて考えることが重要となります。ライフスタイル移住を筆頭に、ある移住形態や移住現象を捉える際には、2つのレベルで「なぜ?」と考えることがポイントです。1つは個人のミクロな動機づけ、そしてもう1つは前述のようなマクロな潮流の影響です。これら2つの「なぜ?」の交点に、移住は立ち現れています。

注8: Hoey, B. (2005) From Pi to Pie: Moral Narratives of Noneconomic Migration and Starting Over in the Postindustrial Midwest, Journal of contemporary ethnography, 34-5: 586-624.

02-09 ルーラル・ジェントリフィケーション

移住者の増えすぎがもたらす問題

地方移住者の増加によって生じうる課題

一般的に地方への移住者の増加は、良いことであり、どんどん推進すべきだと語られる傾向にあります。一方で学術的には、地方移住者が急激に増えたり、移住促進したりすることの弊害についても度々、議論されてきました。移住者と地元住民のトラブルやコンフリクト（軋轢）は、その一例でしょう（03-09参照）。

今後は、個人間の課題だけでなく、受入地域全体でみた場合にも、移住者の急激な増加がもたらすある課題が、社会的・政策的に注目を集めると考えられます。それが、「ルーラル・ジェントリフィケーション（地方農村空間の高級化）」です。

ルーラル・ジェントリフィケーションとは何か

「ジェントリフィケーション」は、半世紀前にイギリスの社会学者ルース・グラスによって提唱されました。ロンドンのインナーシティ（都心の低所得者層地域）の労働者階級の居住地に、中間階級が来往し、元々住んでいた住民が住宅価格の高騰によって立ち退かされ、地域の性質が変化した現象をそう名付けたのです。[注1] 現代では、世界中の多くの都市で普遍的にみられる現象となっており、都市の社会課題として解決が試みられています。

「ルーラル・ジェントリフィケーション」は、元々都市部で起こっていたこうした現象が地方農村で起こっていることを指す言葉です。具体的には、主に都市部の中間層や社会階層の比較的高い人々が移住することにより、地方農村の地域社会の構造が変化し、受け入れ側地域で住宅不足や地元住民の地域外への移住などが生じる現象です。移住者が増えすぎたことによって、地元住民の住み心地が悪くなったり、その地域に住み続けられなくなったりする状態が該当します。

注1：　Glass, R. London: Aspects of Change; MacGibbon and Kee: London, UK, 1964; p. 30.

ルーラル・ジェントリフィケーションは、なぜ生じるのか

ルーラル・ジェントリフィケーションはなぜ生じるのでしょうか。**図表1**はその構造を表したものです。主な要因としては、不動産価格や家賃の上昇による手頃な住宅の不足、各種サービスの減少や撤退、変化に伴う地元住民の住みやすさの低下、移住者によってもたらされた新たな消費習慣の定着による変化、所有権の剥奪や地元住民にとっての居場所の無さの強まりなどが挙げられます。[注2]

ルーラル・ジェントリフィケーションに対しては、「移住者が増えて、地域の社会階層も高くなるのだから良いじゃないか」という意見もあります。たしかに、地方で

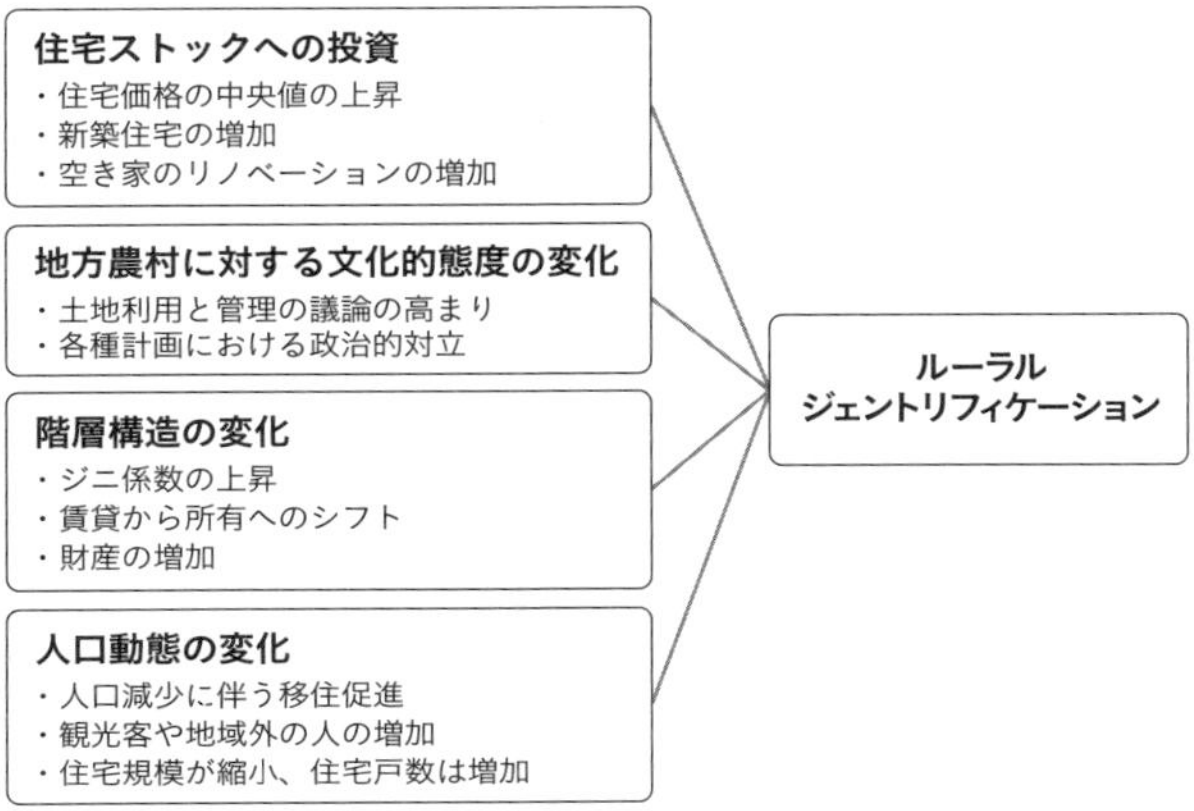

【図表1】ルーラル・ジェントリフィケーションの構造

出典：Peter B. Nelson, Alexander Oberg, Lise Nelson, Rural gentrification and linked migration in the United States, Journal of Rural Studies, 2010, 26(4): 343-352. を参考に筆者作成

注2： Phillips, M., & Smith, D. P. Comparative approaches to gentrification: Lessons from the rural. Dialogues in Human Geography, 2018a, 8(1), 3–25. Phillips, M., & Smith, D. P. Comparative ruralism and 'opening new windows' on gentrification. Dialogues in Human Geography, 2018b, 8(1), 51–58. Smith, D. P., & Phillips, D. A. Socio-cultural representations of greentrified Pennine rurality. Journal of Rural Studies, 2001, 17(4), 457–469.

の生活を求めて移住する階層の高い人が増えることで、彼らの購買力や暮らしの水準の高さが、住宅地や周辺環境の美化をもたらす側面はあります。行政サービスの向上や高水準の商業サービス機能の立地も可能になり、地方農村環境の維持につながる可能性もあります。

しかし、人々の移動は常に裏表の効果や影響を有しているものです。[注3] 良い面ばかりに目を向けて強調し、その裏で生じる排除や不平等性の高まりを無視するようなことがあってはいけません。ルーラル・ジェントリフィケーションの大きな問題は、それによって生じる利益を享受できる人々(移住者)とそうでない人々(地元住民)の間に差が生じてしまうことなのです。

「地元住民にとって不利益が生じるのなら、過度な移住促進のための開発をやめればいいじゃないか」という意見もありますが、現実はそううまくいきません。ルーラル・ジェントリフィケーションを助長する移住の潮流は、建設・開発・不動産・住宅ローンといった関連する領域で既得権益を持つ事業者や金融機関などによって加速され、より裕福な移住者に対して農村の不動産やライフスタイルが戦略的にPRされていきます。[注4]

今日では、人口・移住者を増やしたい行政の取り組みそのものが、ルーラル・

注3: Zollet Simona, Qu Meng, Urban-to-rural lifestyle migrants in peripheral Japanese island communities: Balancing quality of life expectations with reality, Rural quality of life (1st ed.). 2023, Manchester: Manchester University Press, 74-93.

注4: Smith, D. P. Rural gatekeepers and 'greentrified' Pennine rurality: Opening and closing the access gates? Social & Cultural Geography, 2022, 3(4), 447–463. Smith, D. P., & Higley, R. Circuits of education, rural gentrification, and family migration from the global city. Journal of Rural Studies, 2012, 28(1), 49–55.

ジェントリフィケーションを加速させている地域もあります。地方移住が商品化（02−12参照）するなかで、消費的まなざしと政策的まなざしの結託に歯止めが利かなくなった象徴的な状態として、ルーラル・ジェントリフィケーションを考えることもできるのです。

日本でも生じつつあり、今後さらにリスクが高まる

ルーラル・ジェントリフィケーションに関する研究や報道はイギリスやアメリカなどで主に蓄積され、日本では必ずしも盛んに議論されていません。しかしこのわずか10年で、有名観光地におけるオーバーツーリズムが急速に社会課題となり、新型コロナウイルス感染拡大を機に郊外への移住や転職なき移住が注目されたように、ルーラル・ジェントリフィケーションが課題となる日は遠くないと考えられます。

私の出身であり調査地でもある長野県の、白馬村や軽井沢は、移住先としても観光地としても人気が高い地域ですが、国内外資本の再開発による地価の高騰や物件の不足により、地元住民が住みたくても住めない、Uターンして戻りたくても戻れないといった問題がすでに一部で生じつつあります。

ルーラル・ジェントリフィケーションによって地域内の経済構造が大きく変わり、従来の価格帯では飲食できないお店が増え、手頃な価格で利用できる地元密着のお店の経営が成り立たなくなるケースも見受けられます。社会階層が高い移住者や観光客にとっての利便性を過度に追求した結果、その街ならではの景観や個性を持ったお店が失われることは防ぐべきです。一時的な人口や新築施設などの増加に惑わされること無く、長期的な視点から、地域のあるべき姿を考えてルーラル・ジェントリフィケーションと向き合う姿勢が求められています。

02-10 転職なき移住 できる人・できない人の間にある格差

「転職なき移住」とは

新型コロナ禍以降、急速に関心が高まってきた移住形態の1つが「転職なき移住」です。テレワーク移住やリモートワーク移住とも呼ばれ、地方に移住して以降も従前の仕事を行う働き方や生活様式を指します。

転職なき移住が、新型コロナ禍によって普及したテレワークと密接に関連することは言わずもがなです。加えてそれが急速に推進される背景にあるのは、2022年（令和4年）から政府が進めてきた「デジタル田園都市国家構想」です。[注1]デジタル田園都市国家構想は、「新しい資本主義」実現に向けた成長戦略、そして、デジタル社会の実現に向けた重要な柱に位置付けられた構想です。地方からデジタルの実装を進め、新たな変革の波を起こし、地方と都市の差を縮めていくこと

注1：2024年11月、岸田政権から石破政権に変わり、政府は「デジタル田園都市国家構想（デジ田）交付金」の名称を「新しい地方経済・生活環境創生交付金」に改めることを発表しました。そのためデジ田は一旦終わりを迎えましたが、転職なき移住の促進は今後も進められていくはずです。ここでは、どのような経緯で「転職なき移住」が登場したのか理解していただくために、デジ田に関する説明を残しています。

で、世界とつながる「デジタル田園都市国家構想」の実現に向け、構想の具体化を図るとともに、デジタル実装を通じた地方活性化を推進することを目的としています。

デジタル田園都市国家構想は何を促してきたのか

デジタル田園都市国家構想において、転職なき移住は、デジタルの力を活用した地方の社会課題解決に向けた、人の流れをつくる（地方移住・定住促進）取り組みの一環に位置付けられました。具体的には、サテライトオフィス等の整備、地方創生テレワークに取り組む企業の支援、地域おこし協力隊員の起業や事業承継の支援、移住関連の情報発信強化、企業の地方移転などが推進されてきました。

さらに2019年度にはじまった地方創生移住支援事業は、新型コロナ禍を経て2021年度から移住先での要件に新たに「テレワークによる業務継続」を追加しました。これにより、移住先で移住前の業務を引き続き行う場合にも、要件を満たせば所定の額の移住支援金がもらえるようになりました。

転職なき移住の促進に強く期待されているのが、東京圏への過度な一極集中の是正です。地方創生で達成できなかった東京圏一極集中の是正は、デジタル田園都市国家構想以降も最も大きな宿題です。そのため、総合戦略には、「東京23区在住・在勤者が地方に移住して起業や就業、従前の仕事をテレワークで行う『転職なき移住』等を行う場合に、地方公共団体が移住支援金や起業支援金を支給する取組を引き続き支援しながら、地域の将来を担う人材を確保するため、地方での子育てを希望する若い世帯の移住を更に後押しする。[注2]」といった文言も登場します。

この記述から、転職なき移住を筆頭に地方移住の推進は東京23区在住・在勤者を主な対象として想定していることなどが読み取れます。実際、地域別に就業者

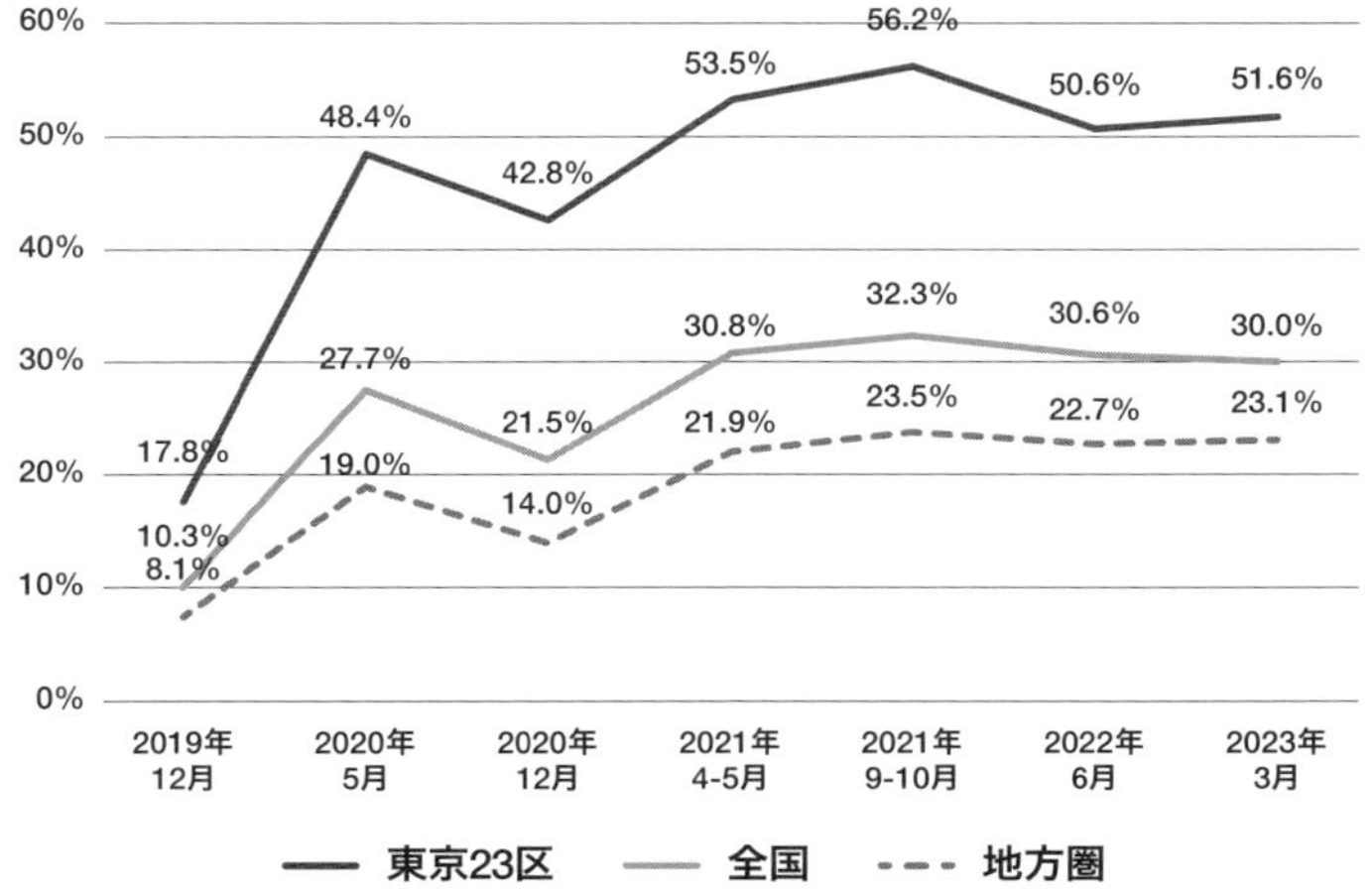

【図表1】地域別に比較した就業者のテレワーク実施率

出典：内閣府「第6回新型コロナウイルス感染症の影響下における生活意識・行動の変化に関する調査」をもとに筆者作成

注2：　内閣官房「デジタル田園都市国家構想総合戦略」、2022.

のテレワーク実施率を確認すると、**図表1**の通り東京23区と地方圏ではおおむね2倍以上の開きがあることがわかります。

転職なき移住促進と世帯年収

このように、転職なき移住は、地方移住の推進と同時に東京一極集中の是正を解消する策として推進されてきました。テレワーク実施率が高く、地方圏在住者と比較して移動しやすい東京23区在住者の移住を、特に支援しようとする試みであると言えます。言い換えれば、広く移住希望者の移住を実現しようという施策ではなく、移住しやすく、かつ東京圏一極集中の解消に貢献する一部の移住者への支援を厚くする構造になっているわけです。そして、数々の支援策が用意され、中には金銭的な支援もあります。

転職なき移住の実現可能性が高い層の実態をみていくことで、この傾向はより明確になります。転職なき移住は、業種や社会階層の面でも移住しやすかったり、支援が無くても移住できたりする可能性が高い層の移住を、さらに推し進める構造となっているのです。

注3: 国土交通省「「新たな旅のスタイル」に関する実態調査報告書」、2022、https://www.mlit.go.jp/kankocho/workation-bleisure/useful/img/commitment_pdf_03.pdf.

注4: 国土交通省「令和5年度テレワーク人口実態調査—調査結果—」、2024、https://www.mlit.go.jp/toshi/daisei/content/001735166.pdf

第一に、テレワークと業種の関連性です。全国の企業６００社を対象とした国土交通省の調査によれば、テレワークの導入割合は情報・通信業で72・1％、金融業・保険業で53・８％、学術研究・専門技術サービス業で59・４％と高く、一方で宿泊業・飲食サービス業では15・４％、建設業は20・０％などとなっています。[注3] 転職なき移住の実現可能性は業種によるところが大きく、どれだけ政策的に促されても実現が難しい層もいることがわかります。

第二に、テレワークと収入の関連性です。国土交通省の調査によれば、テレワーク実施率と年収には関連性があり、年収が高いほどテレワーク実施率も高い傾向があります。[注4] 民間給与実態統計調査（令和４年度版）では、企業規模別の平均給与は企業規模（資本金階級）が大きくなるほど平均給与が高くなる傾向も示されています。[注5] つまり、転職なき移住促進は、年収が高い層や企業規模が大きく平均給与が高い層の移動を促す性格を有しているのです。

地方移住への関心と世帯年収の関連性については、より詳細な調査結果もあります。[注6] 山梨県における地方移住への関心と世帯年収の関連性について分析した調査によれば、「テレワークによって地方でも同様に働けると感じた」回答者の割合は、**図表2**の通り世帯年収と密接に関係しています。世帯年収２百万円未満では13・

注5: 国税庁「令和４年分 民間給与実態統計調査」、2023、https://www.nta.go.jp/publication/statistics/kokuzeicho/minkan/gaiyou/2022.htm

注6: 須田康裕ら「山梨県の移住・ワーケーション政策に関する調査」、東京大学公共政策大学院、https://www.pp.u-tokyo.ac.jp/wp-content/uploads/2016/02/261ca1d0cb1fda1b4be8a8efdf6e7d0c.pdf、https://www.pp.u-tokyo.ac.jp/wp-content/uploads/2016/02/f9e18cc3f0b95b3f7080804f8edba6d8.pdf

3%な一方、1千万円以上では47・9%と3倍以上の開きがあります。

また、地方移住に関心があるものの実行しない理由と懸念点について、「移住資金の不足」を理由に挙げる人の割合も、世帯年収2百万円未満で18・7%、2百万円以上4百万円未満で20・7%の一方、1千万円以上で7・9%となっています。

以上の内容を整理すると、次の4点にまとめられるでしょう。

・テレワークやリモートワークによる転職なき移住の可否は業種に大きく左右される
・年収が高い層や企業規模が大きく平均給与が高い層ほど転職なき移住がしやすい
・世帯年収が高いほどテレワークによって地方でも同様に働けると感じている

世帯年収	回答人数	テレワークによって地方でも同様に働けると感じたため
200万円未満	520人	13.3%
200万円以上400万円未満	317人	17.4%
400万円以上600万円未満	230人	24.3%
600万円以上800万円未満	115人	30.4%
800万円以上1000万円未満	68人	29.4%
1000万円以上	71人	47.9%

【図表2】 地方移住に関心がある人・または移住した人のうち、「テレワーク」を理由に挙げた回答者の割合の世帯年収比較

出典：https://www.pp.u-tokyo.ac.jp/wp-content/uploads/2016/02/f9e18cc3f0b95b3f7080804f8edba6d8.pdf

・世帯年収が高い層は地方移住に際して相対的に金銭的な壁は感じていない

「効率的」な移住促進が促す格差の拡大

このように、転職なき移住は東京在住者の移住を「効率的に」促す施策です。移住しやすい人の移住をさまざまなインセンティブと共に促しています。

一方で、移住促進をめぐる公正さの観点からみると、転職なき移住促進は、東京23区在住で、属する企業が安定しており、社会階層や働く場所や働き方の自由度が高いホワイトカラーの人々の移動性を拡大する施策であり、移住をめぐる機会や支援の格差を政策的に拡大していると言えるのです。

一部の移住者を理想化して重点的に支援する一方で、それ以外の人たちに排除感や不平等感を抱かせる可能性のある移住促進施策は、施策の持続可能性という点でも疑問符がつきます。また現状では、限られた〝転職なき移住可能層〟の取り合いが、自治体間で生じている場面も散見されています。よりフェアで持続可能な移住促進施策を考えていくうえで、転職なき移住促進は大きな問題点を私たちに提示しているのです。

02-11

移住マッチング

技術革新で登場した新たなプロモーション手法

広がる移住マッチングサービス

２０２０年代以降、「移住マッチング」と呼ばれる考え方やサービスが広がりつつあります。移住マッチングとは、移住希望者や移住検討者といった移住関心層と、移住者の受入・誘致を行なう地方自治体や企業とをマッチングするサービス全般を指す概念です。

これまでも、移住者と地方の自治体や企業をマッチングするアイディア自体は存在してきましたが近年関心を集めているのは、最新のデジタル技術やＡＩ技術を活用したオンライン上での移住マッチングです。これらは、自分に合った移住後の仕事や移住先を探せる他に、メッセージやビデオ通話での移住相談、プロフィールの設定、スカウト、ＡＩ診断といった機能が実装される傾向があります。

移住マッチングの実態と登場の背景

図表1は、2024年夏時点の主な移住マッチングサービスです。

民間企業のサービスが主ですが、一部、自治体が独自にサービスやアプリをつくっている事例もあります。

数ある中でも早い時期にマッチングを掲げサービスを開始したのが、SMOUT（スマウト）です。2018年のサービス開始以降、当初の利用者の多くは比較的若い独身者でした。しかし2020年のコロナ禍でリモートワークが浸透すると、30代後半から40代も利用を検討するようになり、ユーザー数はコロナ禍の2020〜2021年の間に2倍以上に増加しました。[注1] プロデューサーの宮本早織氏は、きっかけと狙いについて、次のように語っています。

サービス名	実施団体	概要
SMOUT	株式会社カヤック	地域の人（自治体、事業者、個人など）が、地域に興味がある人を募集し、直接スカウトすることができる「スカウト型」マッチングサービス。
LOCAL MATCH	株式会社LIFULL	移住希望者と自治体・地域企業をマッチングするだけでなく、イベント・体験ステイ・移住相談など、事前の関係づくりから始められる移住プラットフォーム。
ピタマチ	TOPPAN株式会社	「条件」だけではなく、「暮らし」のマッチングを目指し、「あなたにピッタリな地域探し」をサポートするサービス。
たびすむ	株式会社BeA	潜在的な移住ニーズを持つユーザーから、本気で移住を検討しているユーザーまで、幅広い移住潜在顧客に向けて最適な移住先の提案と情報提供をおこなう地域応援情報メディア。
ゆくゆく	株式会社ゆこゆこ	地域のお仕事を通じて“移住の第一歩を応援する”サービス。

【図表1】主な移住マッチングサービス　　出典：筆者作成

注1：井上知大「地方移住をマッチング　サイト運営者が考える利用者に求められること」毎日新聞、2023年5月4日、https://mainichi.jp/articles/20230429/k00/00m/040/034000c

「2014年ごろからグーグルの検索ワードや国土交通省の調査など、世の中で『移住』への関心が高まっていた。サイト運営会社の社員にも移住者がおり、肌感覚で移住への熱量を感じていた。婚活のマッチングアプリが浸透し始め、『人と人をつなぐ』という着眼点を、移住にもサービスとして提供できたら面白いのではと考え、数年かけて事業化を進めた。[注2]」

移住マッチングサービスが登場した背景には、婚活を中心とするマッチングサービスの普及があったこと、地方創生以降の各種調査や統計によって移住への関心が可視化されたこと、コロナ禍を境に利用者数や利用者の幅が広がったことなどがあるとわかります。またこれらのサービスの特徴からは、移住だけでなく関係人口創出という観点でもマッチングサービスが展開されていることがわかります。

マッチングというアイディアと関連サービスのメリット・デメリット

ここまで当たり前のように使ってきましたが、そもそも「マッチング」とは何でしょうか。言葉の由来は経済学のマッチング理論だとされます。互いに異なる2種

注2: 注1と同様。

類の「対象の集まり」のあいだに対応付けをおこなう仕方についての理論で、労働者と企業、学生と大学、臓器移植における患者とドナーなどさまざまな対象が想定されます。[注3] いわば、人と人、あるいは人とモノ・サービスを適材適所で引き合わせ、つなぐ方法を考えることだと言えます。

デジタル・テクノロジーやアルゴリズムを活用した移住マッチングは、膨大なビッグデータと利用者の回答結果を照らし合わせることで、おすすめの移住先やライフスタイルやワークスタイルを提案し、移住相談へと結びつけることを可能にしています。さらに、自分では想定していなかった地域や移住スタイルに対する選好に気がついたり、自力での調査ではたどり着くのが難しい地域や支援、職業の情報を知ることができたりします。こうした点において、アルゴリズミックな移住マッチングは対面の移住相談や情報収集で難しかった移住支援を可能にすると言えるでしょう（**図表2**）。

一方で、民間企業が単独で行う際とは異なり、地方自治体が自らサービスを開発提供したり、民間企業に委託するなどして公的な施策としてマッチングサービスを行なったりする際には、留意すべき点がいくつかあります。

第一に、責任の問題です。マッチングの成立を左右する要素は、全てがオープン

注3：　高宮浩司「マッチング理論とその背景」『経済論集』2016、102: 63-78.

になっているわけではありません。どのような経路で地域と移住希望者がマッチするのか、どの要素が決定的だったのかなどはブラックボックスになる傾向があります。その結果、マッチングサービスを介して移住したものの、地域の状況がマッチング結果とは異なる恐れがあるのです。このとき、責任の所在はどこにあるのか、AIやビッグデータを活用したマッチングにはどんなリスクがあるのかといった

【図表2】 主な移住マッチングサービスの画面

出典：https://pitamachi.com/. https://tabisumu.jp/ai_diagnosis. https://local.lifull.jp/localmatch/jobs

点を事前に把握しておくことが重要です。

第二に、マッチングサービスには偶然性を排除してしまうという特徴があります。多くのサービスでは、利用者がいくつかの条件を選択することで、最適と思われる解が導かれます。網羅的に用意された情報の中から、自分に合った移住先を合理的かつ最短距離で見つけられそうに見えて、実際には選択肢の中から項目を選ぶ過程では、限られた情報にしかアクセスができず、意外な地域との偶然の出会いの可能性が排除されているとも言えます。移住希望者に対するプロモーションは、必ずしも理性的・合理的なアプローチが奏功するとは限りません。これまで知らなかった地域とマッチングする利用者がいる一方で、アルゴリズムから外れた偶然性や偶発性により地域が発見される可能性が低くなる点は、押さえておく必要があるでしょう。

第三に、マッチングサービスでの優位性は料金プラン、つまりそこにかける予算によって大きく変化するという点です。マッチングサービスの多くは民間事業者が行なっているものである以上、事業の収益性や利益性が求められます。その際、移住希望者や移住検討者といった個人からの収益性は多くを望めないため、多くの場合、自治体など地域側からの収益がマネタイズモデルの柱となります。そのため、無料の利用と多額を投入するプランでは、情報発信の程度やマッチングの確率なども変わることとなり、特にリーチできる人数や取得可能な利用者の情報、プロモーション機会は大きく差がつきます。結果として、移住促進にかける予算の多い自治体ほど競争の中で優位性が高まり、勝ち組自治体と負け組自治体の格差を拡大・再生産することになるのです。マッチングサービスを利用する自治体にヒアリングする際、その評価が分かれる傾向がありますが、こうした財政面や既存の知名度・ブランド力の差の影響が大きいように感じます。

ＩＴを活用したマッチングに用いられる最新の技術は、必ずしも関わる人全てが理解できるものではありません。移住促進施策への導入時には、マッチングの仕組みや流れ、アルゴリズムについてできる限り理解を深めると同時に、デジタルなマッチング＋αの対面での相談や現地見学機会の提供を複合的に設けることが重要となります。また、移住マッチング関連のサービスを提供する事業者は、特に公的な施策に関わる際には前述のようなリスクをどう下げるか、どのように公正性や機会の平等性を担保するかといった点を検討していくことが今後はポイントとなりそうです。

02-12 地方移住の商品化：移住の消費は何をもたらすか？

地方移住をめぐる「政策的まなざし」と「消費的まなざし」

国や自治体が政策として地方移住に着目したように、民間の企業や団体もビジネスとして移住促進に参入してきました。

農学者の立川雅司氏は、農村に対する人々の視線やメディアによる表象を、思想家ミシェル・フーコーや、社会学者ジョン・アーリの概念を援用して「まなざし」と呼びます。[注1] そして、都市や消費者による農村への視線や表象を「消費的まなざし」、行政による政策的な活性化を仕掛ける対象としての農村への視線を「政策的まなざし」と名付けました。この2つのまなざしは「農村空間の商品化」をもたらし、農村空間の隅々まで商品化の作用が浸透します。さらに政策的まなざしも、商品化された評価によって政策の正当性を確保しようとしていると指摘しました。

注1：立川雅司「ポスト生産主義への移行と農村に対する「まなざし」の変容」日本村落研究学会、『【年報】村落社会研究41 消費される農村ポスト生産主義下の「新たな農村問題」』2005、農山漁村文化協会、7-40.

この指摘は、地方移住にもそのまま当てはまります。国や自治体による政策的な促進を仕掛ける対象としての地方移住への視線を政策的まなざし、大都市の新聞・雑誌社やウェブメディア、移住希望者など都市や消費者による地方移住への視線や表象を消費的まなざしと呼ぶことにしましょう。この2つは「地方移住の商品化」をもたらし、地方移住には隅々まで商品化の作用が浸透していて、政策的まなざしも、民間企業の移住ランキングなど商品化された評価によって政策の正当性を確保しています。

雑誌・不動産会社が担ってきたメディアとしての役割

地方移住の商品化は今に始まったことではなく、長い歴史をもつ動向です。地方移住への消費的まなざしは1980年頃、まず出版社や不動産会社による動きとして現れました。「田舎暮らし」を初めてタイトルに用いた石井慎二著『すばらしき田舎暮らし』が1982年に出版され、石井氏が編集長を務め現在まで続く雑誌「田舎暮らしの本」が1987年に創刊されました（**図表1**）。それから約40年、現在でも「TURNS」や「ソトコト」「複住スタイル」といった移住を扱った雑誌は発行され続けています。雑誌媒体は地方移住の商品化を牽引してきた存在だと言えるでしょう。

同時期に登場したのが、地方の空き家を仲介する不動産事業者です。全国の古民家や空き家情報を掲載した会報を発行する不動産事業者や、各種媒体に田舎暮らしの専門家として登場しコメントする不動産事業者が、この時期に登場しました。

雑誌媒体と不動産事業者に共通していたのは、地方の空き家物件情報を定期的に提供するメディアとしての地位を確立した点です。現在は自治体の空き家バンクや、各種物件情報サイトが主たるプラットフォームですが、インターネットが登場するまでは、これらの民間事業者

【図表1】『田舎暮らしの本』『すばらしき田舎暮らし』
出典：https://tkj.jp/inaka/202407/

が空き家を斡旋し、地方移住へのインフラの一部を担っていたのです。

１９９０年代になると、バブル経済とそれに伴う就職転職市場の活発化を受けて就職転職斡旋事業者が地方移住産業に参入します。最も象徴的なのは、総合人材派遣サービス事業を展開したリクルート社による１９８８年刊行の雑誌「B-ing」と、臨時増刊号として名前を変えながら１９９４年から２００４年まで発行された雑誌「UターンIターンB-ing」です。特に後者は、地方の企業による求人広告や自治体による広告、広告記事の掲載によって主にマネタイズされました。従来の広告モデルに加えて革新的だったのが、東京・大阪などで自治体や地方企業と就職転職希望者をマッチングするイベントです。今ではよくあるアプローチですが、当時としては新鮮な企画でした。また、自治体の移住相談窓口情報や移住促進施策（雑誌内ではUIターン優遇策と呼ばれた）を頻繁にリスト化していたのも当時としては珍しい取り組みでした（**図表2**）。

【図表2】『UターンIターンB-ing』2004年冬号

出典：http://www.timedomain.co.jp/documents/2003masscom/image/bing001.jpg

地方創生で加速した「ビジネスチャンス」としての参入

2000年代以降になると、インターネットの普及やスマートフォン、Social Networking Service（SNS）の普及により、地方移住の商品化は一気に多様化します。さらに、地方創生以降は国や自治体の予算を活用した事業を目論む事業者が多く登場し、地方移住は「金になる」政策分野として大小問わず企業が参入するようになりました。

図表3は、株式会社カヤックが運営するWebメディアSMOUT移住研究所が公表した、2022年時点の地域系サービス・メディアカオスマップです。カオスマップから、移住関連だけで30以上、地域を超える人々の移動と関連するサービス・メディアは数え切れないほどあることがわかります。図中に

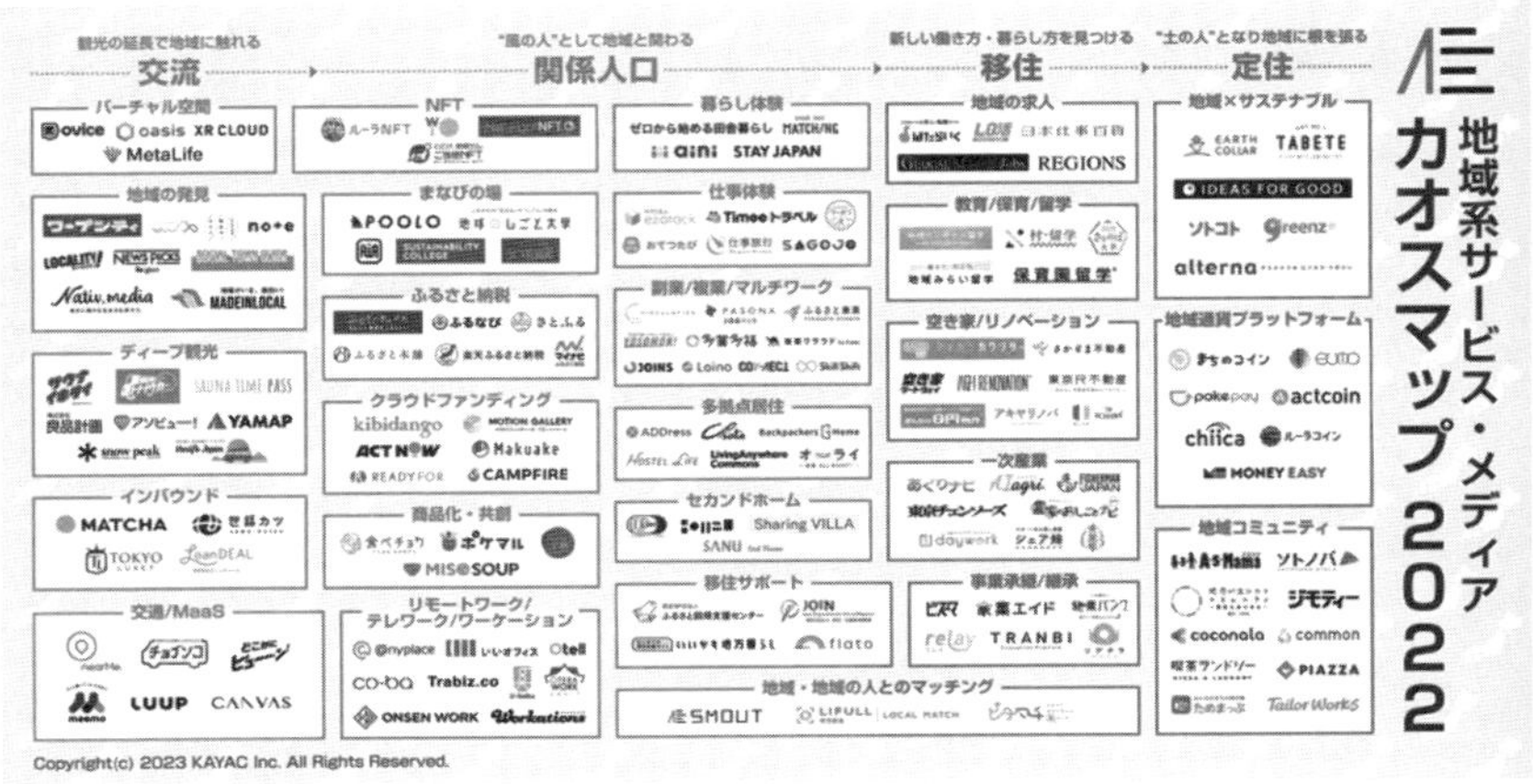

【図表3】 地域系サービス・メディアカオスマップ
出典：https://lab.smout.jp/map2022

も登場しますが、近年、注目を集め多くの自治体が導入し始めているのが地方移住マッチングサービスです（02−11参照）。ビッグデータやＡＩといった最新テックが、移住促進でも導入されはじめています。

拡大・多様化する「地方移住の商品化」

以上のような地方移住の商品化の歴史は、地方移住が広く社会的、政策的に受け入れられ、人々の関心の対象になってきたことを示しています。一方で、公正で持続可能な移住促進を目指すという観点では、地方移住の商品化は必ずしもメリットだけではありません。雑誌媒体を例にみてみましょう。

地方移住への消費的まなざしと政策的まなざしは、いつの時代もある種の協力関係を結んできました。過疎化や人口減少、人材不足を理由に自治体は移住促進を加速拡大させます。同時に、様々な社会的背景を要因に、人々の地方移住と移住政策への消費的まなざしも高まります。その結果、雑誌媒体は移住支援金や相談窓口、空き家情報、理想的な移住スタイルを取り上げて記事化します。その際、自治体が情報提供したり、広告を掲載したりするケースは多く、記事に掲載された情報を基に移住希望者が自治体に連絡したり、相談会に足を運んだりします。結果として、自治体にとっては移住者獲得競争に勝つためのPRとなり、雑誌媒体にとっては有益な情報による売上増加が見込まれるのです。ここに、消費的まなざしと政策的まなざしの協力関係が成立し、地方移住の商品化が強固なものとなっていくのです。地方移住は、こうした様々な領域で行政と民間の協力関係が結ばれることによって成立してきたといえるでしょう。

しかし、協力関係による地方移住の商品化は、いくつかの弊害ももたらしています。第一に、民間事業者と連携した移住促進は、民間事業者のプラットフォームやサービスを活用したものである以上、そこに金銭の支払いが生じます。そのため、結果的に、予算に余裕がある自治体、財政的な競争力が高い自治体ほど、民間事業者と連携した移住促進を優

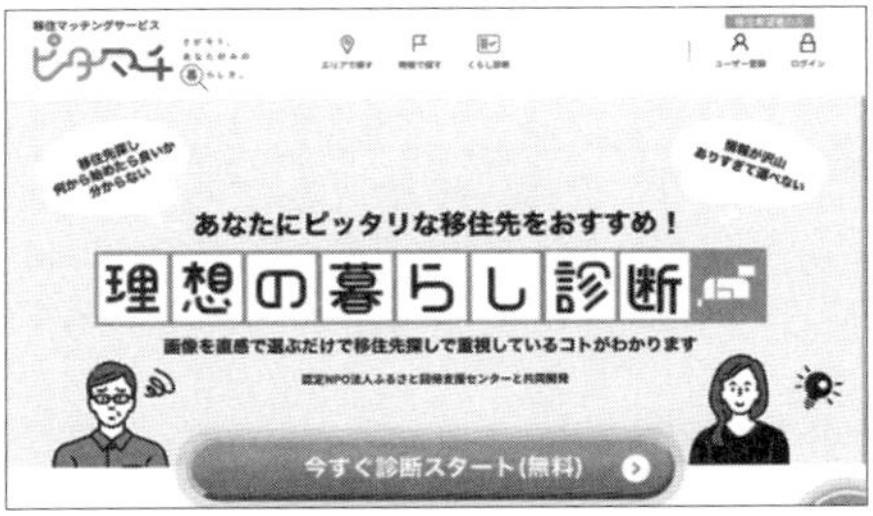

【図表4】 AI移住相談や移住マッチングサービス

出典：https://ijyu-chat.metajob.jp/. https://pitamachi.com/.

位に進められる可能性が高まるのです。

第二に、民間事業者との連携は、行政内では浮かばない画期的な事業や単独ではできない施策が実施できる可能性を高める一方で、移住促進施策に対する一部の民間事業者の声が大きくなりすぎるリスクがあります。民間事業者を介した消費的まなざしを意識しすぎて、本来最も重視すべき移住希望者のニーズからズレたものとなることがあるのです。

最近では、従来の広告掲載やイベント・ツアーの開催のほか、オンラインマッチングサービスやＡＩ移住相談の導入などが民間事業者と連携して数多く行われています。

これら自治体にとって新しい取り組みは達成感や満足感が得られる一方で、その効果を正しく測り政策に反映することは意外と難しいのも現実です。限られた予算の用途として、移住促進のアウトソーシングがどの程度有効なのか、一部の事業者の声が大きくなりすぎていないか、それは政策目的の達成に貢献しているのか、結果や取り組みの華やかさに惑わされていないか。こういった点を定期的に確認することが大切です。

PART 03

フェアで持続可能な移住促進に向けたアプローチ

03-01

過度な自治体間競争から脱却しよう

加速する自治体間の移住者獲得競争

本書のいくつかの節で言及してきた通り、移住促進施策をめぐる最も大きな課題の1つに、自治体間の過度な移住者獲得競争があります。[注1] 自治体間の競争は全てが問題になるわけではありません。適切な競争は、より良い政策と豊かな地域の実現につながります。住民や企業が好ましい公共財やサービスを求めて地域を移動することにより、地方政府間に競争的な関係が生じ、行政の効率化などが進み、住民の満足度が向上すること（足による投票）もあります。[注2]

自治体間の移住者獲得競争が問題である理由としては、日本全体が人口減少する中で限られた人口の総量を取り合うゼロサムゲームであること、定量的に可視化しやすいため過度に比較されることなどがあります。しかしここで取り上げたいのは、

注1：本節の内容はKAYAKURA掲載「加速する自治体の移住者獲得競争を脱するために - 移住促進の実態から解決への糸口を探る -」を基に大幅に追記修正したものです。https://kayakura.me/iju-kyoso/

注2：坂村裕輔「Vol.279-2　テレワークが拡大する「足による投票」の可能性について」2021、https://www.yafo.or.jp/2021/10/29/15206/

近年、国が地方移住についてトップダウンの管理と誘導を強めてきたために、移住者獲得競争が激化してしまっている点です。地方分権以降、自治体による主体的で自律的な移住促進が行われてきたにもかかわらず、特に地方創生以降は、地方分権と逆行するような取り組みがなされているのです。

6割以上の首長から噴出する移住者獲得競争への懸念

ＮＨＫが２０２３年に全国の首長を対象に実施した調査の結果、79・０％の自治体が「自治体間競争が激しくなっている」と感じていることが明らかになりました（**図表１**）。[注3]

具体的にどのような競争が激しくなっているのかを尋ねた質問では、自由記述回答の中で「ふるさと納税」や「子育て」などと並んで、「人口」「移住」「定住」という語句が頻

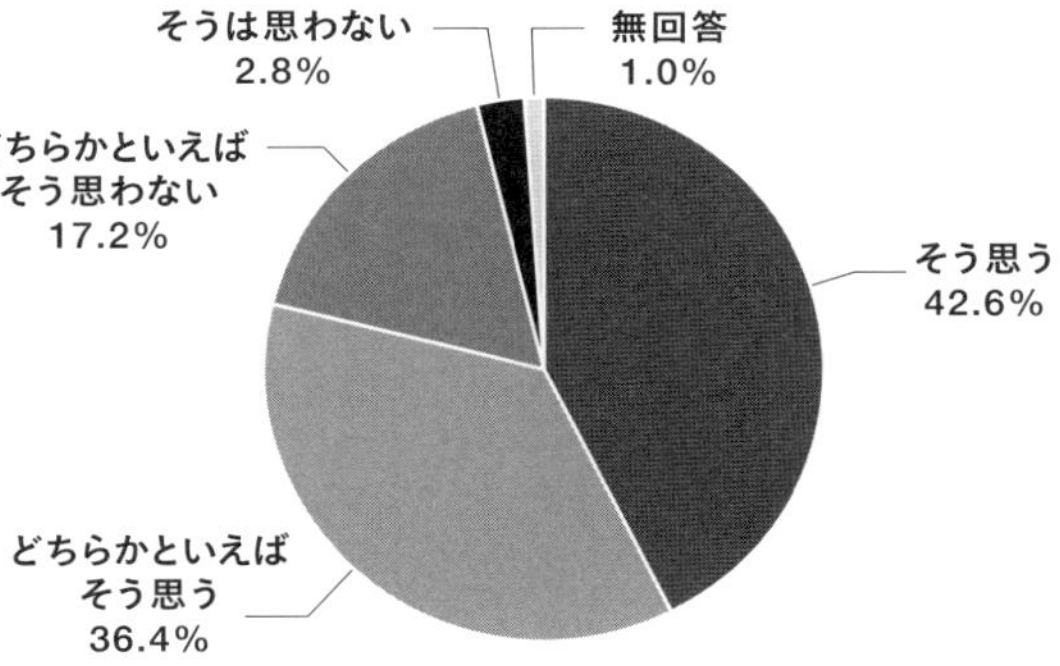

【図表1】「自治体間の競争は激しくなっているか」
との問いに対する首長の回答

出典：https://www.nhk.or.jp/politics/articles/feature/97561.html

注3：NHK政治マガジン「人口獲得大競争 私たちが自治体を“選ぶ時代”に？」2023.4.3、https://www.nhk.or.jp/politics/articles/feature/97561.html、「全国首長アンケート 注目の記述回答 自治体間競争は」https://www.nhk.or.jp/senkyo/chief-questionnaire/2023/partisan-tally/pickup_answer02.html

出し、「移住」に絞ると357回も登場しました。

移住施策に絞った調査結果もみてみましょう。雑誌「日経グローカル」が2023年に全国の知事と815市区長を対象に実施したアンケート調査の結果、首長の6割以上が、移住者の獲得競争を懸念していることが明らかになりました（**図表2**）[注4]。具体的には、次のような意見が挙げられています。

「給付合戦のような不毛な消耗戦を引き起こしている。」

「人や税金（ふるさと納税）を奪い合う競争が激化しています。…限られたパイを奪い合う構造に各自治体は疲弊しているのではないかと考えます。」

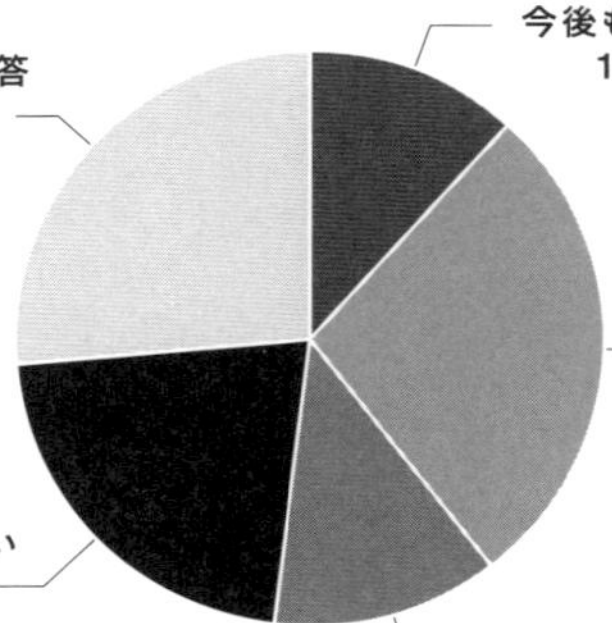

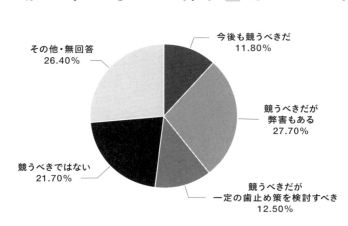

【図表2】移住者の獲得競争についての考え

出典：https://www.nikkei.com/articleDGXZQOCC26AIZ0W3A221C2000000/

注4：　日経グローカル475号「全国首長調査㊤ 人口減少の実情と対策 移住者の獲得、6割が過熱懸念」2024.1.1、https://www.nikkei.co.jp/rim/glweb/backno/no475.html

「本来競うべきではないが競わざるを得ない。」

こうした声から、多くの地域で「（移住の促進において）競争が生じている」と感じられていることがわかります。また、調査の中で顕著な傾向として確認されたのが、政策メニューや政策対象の同一化傾向です。例えば、移住者の呼び込みを期待した子育て世代への施策の集中などが報告されています。

問題は「競争の過剰さ」と「自治体の主体性を削ぐ」構造

先に指摘したように、こうした過度な自治体間の移住者獲得競争は、国が移住施策メニューや評価基準を大まかに設定・誘導し、競争の土俵を整備することで、自治体の移住促進施策への影響を強めていることで生じていると言えます。具体的には、国による「総合戦略」を勘案した策定が必要な「地方版総合戦略」や、地方創生関係交付金、KPIのような量的指標などの管理システムを通した政策誘導によって、中央集権的な性格の移住促進が展開されているのです。[注5] 自治体同士による自由な競争ではなく、政府や上位集団が定めた勝ち負けのものさしでのみ測られる

注5：伊藤将人「自治体による地方移住政策の現状と三つの課題」『月刊自治研』2024年1月号26-34.

「制限された競争」が生じてしまっている状態です。

その結果、自治体は「移住促進施策を行わなければ〝負け組〟になってしまうかもしれない」「移住促進施策に力を入れれば国からの交付金が増えるかもしれない」といった危機感や疲弊感、ジレンマを抱えながら移住促進施策を展開し、過度な競争に巻き込まれているのです。[注6]

本来であれば自治体間競争は、より多様で、創造的な政策を生み出す可能性もあります。しかし自治体の主体性を削ぐ、横並びで金太郎飴的な移住促進が展開される現在の状況は、たとえ自治体間競争を是とする立場であったとしても健全とは言えないでしょう。

圏域全体の活力への悪影響にも懸念あり

さらに現状は、自治体間の経済力・財政力の差や相互連関性も勘案されていません。これにより、重複投資や政策効果の相殺、経済社会活動のクリーム・スキミング[注7]などが生じ、個々の自治体だけでなく圏域全体の活力を失わせかねません。このことは、人口減少社会における自治体間〝共創〟をも妨げるものともなっているの

注6：例えば2019年には、都内で開催された移住相談会で一部の参加者に現金が支払われていたことが発覚しました。相談会の運営を受注した企業が、求人サイト運営企業や人材派遣企業に人集めを発注、企業の関係者が現金支給を認め参加者本人がサクラの実態を証言し、約500の県や市町村が主催する相談会で参加者の偽装が確認されました（東京新聞,2020,https://www.tokyo-np.co.jp/article/48227）。

注7：公共性が高い分野で、収益性の高いサービスや地域などのみを選別して他を切り捨て、美味しいとこ取りすること。

です。[注8]

より公正で持続可能な移住促進を再検討する際には、自治体による現在の移住促進施策がこうした前提と課題の上に展開されていることを押さえておくことが必要です。そして、単独で解決できない問題に対しては、自治体が連携して国に対し方針や管理システムの改善を要求していくことも重要です。

注8：牧瀬稔「時事テーマから斬る自治体経営「自治体間競争（都市間競争）」の注意点」、2023、事業構想オンライン. https://www.projectdesign.jp/articles/6cb3051a-5670-4a99-97f8-5dd56d8a2479

03-02

「役立つ、優れた移住者」という発想を脱ぎ捨てる

自治体にとって役立つ、優れた移住者の獲得競争

過度な移住者獲得競争は、移住者のむやみな理想化という弊害も生んでいます。いわば、自治体にとっての「役立つ移住者」「優れた移住者」をめぐる獲得競争にもなっている側面もみられるのです。[注1]

移住者と一口に言っても、経歴や職業、専門性、ワークスタイル、ライフスタイル、価値観などは様々です。しかし、昨今の国や自治体による移住促進施策は、特定の移住者像や移住希望者像を過度に理想化し、理想の移住者属性に対して誘致と支援を集中させる一方で、それ以外の人に対しては相対的に支援が薄く、ときには排除するような状況が生じつつあります。

こうした状況に対しては、自治体担当者からも懸念の声が挙がっています。例え

注1: 本節の内容は、伊藤将人「自治体による地方移住政策の現状と三つの課題」『月刊自治研』2024年1月号,26-34の一部を基に大幅に追記修正したものです。

ば、「移住支援信州須坂モデル」による移住促進で知られる、長野県須坂市の移住担当者は次のように指摘します。

「私が相談を受ける移住希望者で起業やテレワークで移住をする人はごくわずかだ。当市で開催する移住相談会に訪れる移住希望者の多くは、都会で普通の会社に働き、転職経験もある。特殊な資格や経験を持つのはごくわずかである。相談者の多くは移住後も普通の会社に転職し、普通の暮らしを希望している。……国や自治体の移住支援策は起業支援やテレワーク、ワーケーションなど、メディアが紹介する世間一般のイメージに添った見栄えのいい事業に傾きがちだ。だが、実際の移住希望者に寄り添った施策でないと、多くの移住希望者が国や自治体の移住支援策から漏れてしまう。移住に結び付かないだけではなく、移住希望者の要望に応えられない支援事業に予算をかけることになる[注2]」

この指摘から浮かび上がるのは、「普通の移住者」に対する支援の薄さと、特定のスキルを有し、特定の働き方や地域をめぐる実践を志向する特殊な移住者、いわば移住促進施策における「理想的移住者」へと支援が集中している実態です。

注2：　加藤広明「移住、カッコよさより普通こそ」2023、日本経済新聞

地域活性化に寄与する移住者への期待

日本の移住政策が、歴史的に地方における人口減少や人手不足、地域活性化を担う移住者を理想化してきたことは、これまでの研究から明らかになっています。

農学者の吉川光洋氏は、農林水産省が毎年度発行する「食料・農業・農村白書（農業白書）」の分析から、移住者が単に労働を行なう存在から、起業家／企業家精神を発揮したり新しい発想を活かして地域社会の刺激となったりする貴重な人的資源として捉えられるようになってきたことを明らかにしています。[注3]

社会学者の畑山（須藤）直子氏は、移住定住促進事業の歴史の分析から、2012年時点で、移住者の流入に地域の存続を期待する自治体が数多く存在すること、自治体の喫緊の課題である過疎問題や地域振興に直面する中で、移住者の流入が地域の存続を左右するまでになっており、移住に関連する事業が地域存続の危機を救済する方法となりつつあることを明らかにしています。[注4]

こうした指摘から、2000年代半ばに人口減少社会へと突入し限界集落問題などが注目され、従来の企業誘致型の地域政策が時代に合わなくなる中で、直接的に人を誘致し、地域活性化やその後の地方創生に貢献する人材として移住者に期待す

注3: 吉川光洋「農村地域への移住者の増加と歴史的変遷：UJIターンの概念の発生と政策的対応」『地域協働：地域協働研究所年報』2011、7: 1-26.

注4: 須藤直子「UIターンをめぐる移住・定住促進事業の変容――「移住者」獲得競争の時代」『ソシオロジカル・ペーパーズ』2014、23: 47-63.

る意識が高まってきた流れが見て取れます。２００９年度に創設された地域おこし協力隊制度は、その象徴とも言えるでしょう（01-06参照）。

しかしその結果、起業家的な移住者や地域活性化事業でリーダーを担う移住者、国や大企業と強いパイプを持った移住者、いつでもどこでも仕事ができる働き方を実践する移住者、クリエイティビティが高いとされる芸術系の移住者などへの期待が高まり、国や自治体の施策も彼らを積極的に支援するものが目立ってきました。「デジタル田園都市国家構想」開始以降の現在は、企業や地域のＤＸ推進を担うことができ、最先端のデジタル技術を活用して地域に新たな価値を提供できるデジタル人材としての移住者の誘致が、積極的に展開されつつあります。こうした理想的移住者に対する過度な誘致や支援の実施は、行政による移住支援における公正性を損なうだけでなく、地元住民や他の移住者との間で不公平性が高まり、コンフリクトが生じることもあります。[注5]

移住者の多くは「普通」を望んでいる

須坂市の担当者の指摘が示すように、自治体の支援策を見つけ、移住相談窓口に

注5：一例として、筆者は過去に書いた論文の中で、兵庫県豊岡市における演劇のまちづくりと関連した移住促進施策において、演劇や芸術を通した地域活性化に関わる移住者への政策的支援が他の住民に「私たちが蔑ろにされている」「同じように地域活性化に関わってきたのになぜ」という感情を抱かせ、コンフリクトが生じた事例を明らかにしています。伊藤将人「地方自治体における文化政策と移住促進の関連性についての一考察——兵庫県豊岡市における「演劇のまちづくり」を事例として——」『地域活性研究』2023、18: 169-178.

自発的にアクセスできる人でさえも、起業やテレワークをはじめ理想化された働き方や実践を行なう人の割合は決して多くありません。移住者の多くは「普通」に転職・就職することを望み、地域活性化への強い志向よりも、自らや家族の生活の質の向上や収入の維持上昇、自然の中での豊かな暮らしを望んでいるのです。

これからは、一部の特殊な移住者を理想化し過度に集中的に支援・誘致するのではなく、「普通」の移住希望者の移住機会を理想的移住者と同等に確保し、移住を望みながら政策の恩恵を受けられない人が少ない、公平性を重視したフェアな移住促進を実施していく必要があります。自治体の施策が公正に人々の機会を担保しようと試みることは、地域住民からの移住促進への理解の向上にもつながるでしょう。

さらに、理想的移住者の誘致競争から離脱することは、限られたパイを奪い合う量的な側面での競争から脱却し、独自性と持続可能性のある移住促進を確立することにもつながるのです。

03-03

「量」と「質」の二項対立を乗り越えよう

移住促進をめぐる量と質の二項対立という発想

移住促進施策においては、移住者数という「量」をめぐる競争と、理想的移住者という「質」の高い移住者人材の競争が生じています。移住者をめぐる量と質の二項対立という発想は、一見すると当然のものに見えますが、公正で持続可能な移住促進を構想するためには大きな壁となります。[注1]

移住促進における量と質をめぐっては、これまで様々な議論が展開されてきました。移住促進における量的志向とは、移住者数や移住希望者数、移住相談者数などの人数・人口や各種調査・統計結果、KPIなどの量的指標を重視し、これらの量的拡大や目標達成を目指す発想などを指します。

それに対して、移住促進における質的志向とは、移住者によって能力や周囲への

注1：本節の内容は、伊藤将人「自治体による地方移住政策の現状と三つの課題」『月刊自治研』2024年1月号,26-34の一部を基に大幅に追記修正したものです。

影響力に質的な違いがあることを前提とする発想を指します。移住者を、地域に役立つ／役立たない、貢献する／貢献しない、イノベーターや起業家的な素質がある／ない、といった物差しで質的に評価し、質が高い移住者を増やそうという方針や取り組みが該当します。

移住者に与えるプレッシャー

では、移住促進施策における量と質の二項対立的発想は、なぜ問題なのでしょうか。移住促進の成果を量や数に還元しすぎると、協力隊制度においても近年議論されているミスマッチングの増加や、移住希望者・移住相談者に寄り添った対応の軽視といった問題が生じます。一方で、移住促進の成果を質に求め還元しすぎると、特定の理想的移住者への支援の集中（03－02参照）とそれに伴う不公平な排除や選別といった課題が生じてしまいます。

近年の、地方創生やＥＢＰＭ（Evidence Based Policy Making: エビデンスに基づく政策立案）の推進によって、ＫＰＩという管理手法が政策の現場に本格的に導入されたり、量的に還元できる成果が重視されたりし始めました。それ以降、移住促進でも量的拡大が1つの指標となったことで、量的志向を批判し質の重視を主張する声も高まりました。

しかし、質の重視は、ときに移住者に過度なプレッシャーを与えます。農学者の佐藤真弓氏は、関西地方の大都市から中国地方へ、首都圏から東北地方へ公的な支援制度を利用して移住した二人の移住者に聞き取りを行なった際、次のような言葉が聞かれたと言います。[注2]

「理想のIターンを演じている部分がありました」
「模範的な移住者であろうという気持ちは強いです」

こういった語りからは、本来は一住民であり、一生活者であり、特別な存在ではないはずの移住者の中には、期待や理想のまなざしから日々の暮らしの中で過度な重圧を抱えてしまっている人がいることがわかります。

注2: 佐藤真弓「移住者:パッケージ化される農村移住」渡邉悟史:芦田裕介・北島義和編『オルタナティブ地域社会学入門:「不気味なもの」から地域活性化を問い直す』2023、ナカニシヤ出版.

「移住者」の定義や要件の見直しから始める

移住促進をめぐる量と質の二項対立的な議論を乗り越える方法として、自治体ごとの「移住者」の定義や各種支援の対象となる要件の見直しがあります。定義や要件は、無意識に移住者をめぐる不当な選別や理想化、バイアスを内包している可能性があるためです。地域が置かれた状況と、丁寧な要望の聞き取りに基づいて定義や要件を設定、修正していくことが必要でしょう。

具体的には、次のようなポイントの検討と議論が効果的です。

・Iターンを定義に含みUターンを定義に含んでいないならば、あるいは結婚や就職転職に伴う転入者は移住者ではないと定義しているのならば、その理由を再検討してみる。そのためにも、移住者の定義に関する前提を疑い、地域が目指す方針やニーズに沿って移住者を再定義する。

・移住者と転入者を別に測っているならば、その意味や課題を再検討してみる。例えば、統計上、もしくは手続き上生じた差異が、本質的にどのような意味を有するのか見直す。

・独身者よりも子育て世帯への支援が厚いのならば、その正当性を再確認してみる。男性もしくは女性や家族像をめぐり、特定の像を一般化しすぎていないか、もしくは理想化していないか。

・理想的移住者像が想定する人材像は、本当に移住者でないとダメなのか、地域内にすでにそういったスキルや経験を有した人はいないのかを調べてみる。地域には目立つ移住者の他に、サイレントマジョリティの移住者もいる。もしくは、自ら声はあげないが、頼られたら発揮できるスキルのある人もいる。

小さなことですが、こういった定義や要件の再検討、再確認の積み重ね、つまり移住促進をめぐる前提の問い直しというPDCAサイクルを回すことが公正な移住促進を実現するうえで欠かせません。

人材として利用するのではなく、自己実現の可能性を広げる

移住促進施策において「当たり前」や「前提」を問い直すことは、量と質の二項対立の議論を乗り越えるためにとても有効です。ただし、そうした問い直しが広く

合意形成を図らなければならず、簡単にできないことも往々にしてあります。そのような場合には、現在の施策の対象者に閉じることなく、情報発信のターゲットを拡大したり、これまで以上に相談支援に応じられる体制を整備したりするなど、移住促進施策の対象を拡大・拡張することから始めてみると良いでしょう。

結局のところ、移住促進をめぐる量と質の二項対立を乗り越えるためには、政策の対象者である、当該地域への移住を希望する人びとや、移住後の定住段階の人びと、そして受け入れて共に暮らす地域住民の声をどれだけ収集し、どれほど寄り添えるかが鍵となります。地域の開発や発展を第一に考え、個人を人材として利用し手段化する施策は望ましくありません。むしろ、個人の自己実現の可能性を広げ、移住者を含む地域住民の暮らしの満足度や幸福度が向上した結果として、地域に様々な恩恵が与えられるような移住施策の体系が望ましいでしょう。

03-04 人口重視のＫＰＩから、主観の変化を問うＫＰＩへ

ＫＰＩの特徴と利点

現代の政策で、数値ほど重視されるものは無いかもしれません。政府の主要政策でも様々な数値目標がＫＰＩとして客観的に設定され、達成のためにＰＤＣＡサイクルを回して何に取り組むかが計画されています。[注1]

ＫＰＩによる目標管理という方式は、企業経営における成果指標を用いた管理システムを、経済界の意向を受けた第二次安倍政権が政権の取り組みの政策評価として取り入れたものです。[注2]地方創生においても、事業評価にＫＰＩの設定やＰＤＣＡサイクルによる進捗管理などが採用され、求められるようになりました。[注3]

ＫＰＩを設定する利点として、政策の進捗や成果、実績、目標の達成状況を簡素かつ客観的に把握し、政策立案に活かせることが挙げられます。また、定期的か

注1：福井一喜『「無理しない」観光：価値と多様性の再発見』2022、ミネルヴァ書房．

注2：川上哲「変貌する国家・自治体、そして都政の行方」安達智則・石橋映二・川上哲編『二つの自治体戦略 地方創生と国家戦略特区、そして小池都政』東京自治問題研究所、2017.

注3：萩行さとみ・大澤義明「平成の30年で交付金はどのように進化したのか‐地方創生関係交付金とふるさと創生交付金との比較‐」『都市計画論文集』2021、56(1)：1-13.

つ継続的に測ることのできる指標を設定することで、データの収集コストを下げながらも継続的な検証を行いやすくなります。国が地方創生関係交付金事業におけるＫＰＩ設定の際に求めた３つの項目からも、①客観的な成果を表す指標であること、②事業との直接性のある効果を表す指標であること、③妥当な水準の目標が定められていることなど、ＫＰＩのメリットを最大限発揮することを目指す姿勢がうかがえます。

ＫＰＩガバナンスが金太郎飴的な移住促進施策や自治体間競争の発端に

しかし、ＫＰＩは間違った設定をすると、様々な形でネガティブな影響が出てしまいます。観光政策を例にＫＰＩと数値目標の国家戦略について論じた地理学者の福井一喜氏の議論を踏まえて、地方創生とＫＰＩの関係性を考えてみましょう。[注1]

国家レベルの場合、官僚が数字にこだわるのは当然です。地域の一員でない官僚が改革の成果を知ったり、担当省庁が予算を求めたり、官僚が自らの存在意義をアピールしたりするためにも、数字が必要です。それぞれの地域は官僚や政治家に理解させるために、どの数値目標をＫＰＩにするか、それを達成するにはどのような施策を行なうか、結果がどうなったかを、膨大な書類によって説明し官僚に提出します。官僚側は、その数値目標の達成可能性や書類の分量で、地域の取り組みの価値を評価します。

こうして、地域に自助努力や自主・自律を要求する地方創生と、その下で加速拡大してきた移住促進は、ときに現実の地域を知りえない官僚のために、むしろ数字によって地域を束縛する状況に陥っているのです。各種調査でも自治体の側から、「ＫＰＩの設定やＰＤＣＡの運用が負担となっている」との声が挙がっています。[注4]

現在想定されている移住促進関連のＫＰＩ

それでは、諸刃の剣であるＫＰＩをどのように設定すれば、公正で持続可能な移住促進の実現へと近づくのでしょうか。地方創生において国が例示した移住促進関連のＫＰＩを見ながら考えてみましょう。

図表1は、地方創生推進事務局が示した地方創生における事業分野別のＫＰＩ設定の例です。「地方へのひとの流れ」を中心に、他の分野も含めて広く移住関連

注4：坂本誠「地方創生政策が浮き彫りにした国-地方関係の現状と課題―「地方版総合戦略」の策定に関する市町村悉皆アンケート調査の結果をふまえて―)『自治総研通巻』2018、474: 76-100.

のKPIを抜粋すると、次のような項目が該当します。

事業のアウトプット

・地域への移住者数
・地域の定住人口数（転出入数）

事業のアウトカム

・移住者数
・相談事業を経た移住者数

総合的なアウトカム

・相談事業への参加者数
・地域の人口、世帯数
・地域への転入者数

例示されたKPIには、移住定住

	事業例	事業のアウトプット 個別事業の活動量 （例）	事業のアウトカム 個別事業の直接的効果 （例）	総合的なアウトカム 諸事業・施策の全体効果 （例）
ローカルイノベーション	○ 情報システム導入（ICT, IoT等導入促進）	・IT設備導入数、設備投資額	・労働生産性がXX倍以上達成の企業数	・地域における起業者数 ・地域における新規雇用者数 ・地域における企業の売上高
	○ 民間ノウハウ活用（連携協定、人材交流）	・プロフェッショナル人材のマッチング件数	・本事業における成約件数 ・育成人材数	
農林水産	○ 地域資源の活用／再注目	・企業・プロジェクトの売上高 ・育成人材数	・移住者数（代表的KPI）	・地域における農林水産就労者数 ・地域における農林水産出荷額
	○ 6次産業化支援事業	・セミナー・研究会等のイベント参加者数	・支援事業を通じて開発・生産された産品の売上高・出荷額	
観光振興	○ 地域ブランド化（地域の魅力を活かした消費・サービス開発）	・特産品・旅行商品開発数	・宿泊者数 ・観光客数	・地域における観光関連産業売上高 ・宿泊者数、日帰り観光客数の増加に伴う消費の増加額
	○ 地域間連携（広域連携による発信力向上と多様なニーズの取り込み）	・特産品・旅行商品開発数	・電動アシスト付自転車の週末利用件数	
地方へのひとの流れ	○ 移住相談事業	・地域への移住者数	・相談事業を経た移住者数	・相談事業への参加者数
	○ インターンシップ事業	・地元就職率	・インターンシップ参加者の地元就職数	・関連イベントの参加学生数
まちづくり	○ 小さな拠点等の生活拠点整備事業	・地域の定住人口数（転出人数）	・小さな拠点における店舗等の利用者数・売上高	・地域運営組織の形成数
	○ 民間ノウハウ活用（連携協定、人材交流）	・利用者数（施設・設備利用者数、イベントなどの参加者数、など）	・観光客数 ・育成人材数	・地域の人口・世帯数 ・地域への転入者数

【図表1】 地方創生推進事務局によるKPI設定例　　出典：内閣府（2021）

もしくは転出入、相談した「人数」をＫＰＩとして設定している点に共通の傾向があります。実際のところ、国からの交付金獲得といった事情も相まって多くの自治体で移住促進のＫＰＩとして相談者数を掲げています。相談者数の増減に意味がないわけではありませんが、相談者数は極めて操作性が高い値であり、相談者数の増加＝移住者数の増加ではない点には留意が必要です（**01－02**参照）。

例えば、コロナ禍に自治体の移住相談者数は大きく差が開きました。しかし検証してみると、オンライン相談体制を充実させた自治体では相談者数が増加傾向にあり、対面でのイベント的な相談機会を一時的に止めた自治体では相談者数が減少傾向にありました。つまり、相談者数だけをみて「この地域がコロナ禍に人気になった！」と判断するのは正確ではないのです。相談機会の拡大や選択肢の多様化によって、戦略的・短期的に増やせる見込みが高いため、相談者数はＫＰＩとして人気があるとも言えます。

人口・人数重視のＫＰＩから主観的な幸福や満足感を問うＫＰＩへ

これらを踏まえ、公正で持続可能な移住促進を実現していくために提案するのは、

「人口・人数重視のＫＰＩ」から、「主観的な幸福や満足感を問うＫＰＩ」への転換です。

現在のＫＰＩは、移住後の個人や地域の変化を捉えることはできず、移住してもらえばよし、転入してもらえばよしという短絡的な結果になりやすいものです。そこで、移住までのプロセスではなく、移住後の変化をＫＰＩとして設定しましょうというのが提案の趣旨です。必ずしもすべての移住者が定住や永住を望んで移住するわけではありませんが、移住促進施策は移住者がその地域で暮らすことによる内面的にポジティブな変化や、地域住民に対する直接的・間接的なプラスな効果を期待するものです。したがって、移住後に定住したい、永住したいと思った人が希望を実現できる体制や支援を整えることが重要です。

具体的には、**図表２**のようなＫＰＩを新たな移住促進関連のＫＰＩとして設定することで、前述の課題を乗り越えることができる可能性が高まります。全て転換するのは現実的に難

移住者を対象としたKPI (継続的な把握が望ましい)	・移住後の幸福度(Well-Being)
	・移住後の地域での暮らしの満足度
	・定住意向を有する人の定住意向度
	・移住支援施策や相談体制への満足度
	・移住前や移住時の不安や懸念の解消度
地域を対象としたKPI	・移住施策の地域への好影響の実感度

【図表2】 導入を提案する新たな移住促進関連KPI　出典:筆者作成

しい部分もあるため、独自指標として1つでも2つでもいいので設定していくことが重要です。近年では、自治体による住民向けのLINEでの情報発信やSNSでの情報共有も増えているので、そうしたシステムを新たに活用することで、移住後も継続的かつ一定の規模で実態を把握しやすい状況にあります。また、転入時のアンケート調査を行なっている場合、その項目を見直すことも必要です。都道府県から把握を求められている項目だけでなく、せっかく回答してもらうのであれば、自治体独自の取り組みへの評価や移住後もつながりを継続できるような工夫（例えば、任意での連絡先情報の取得）を行なうことも有効です。なお、移住の実態を把握するための調査のパターンや具体的な方法については、**03-07**で解説します。

03-05

移住ランキングと適度な距離感で付き合う

移住ランキングとは

多くの自治体が移住促進に取り組むようになり、比較可能な状況が生まれた結果、2000年代末から、さまざまな「移住ランキング」が発表されるようになりました。移住ランキングとは、移住者数や移住相談者数、移住促進施策、移住時に重要と思われる指標などを基に、地方移住に関連して順位付けする取り組みを指します。

移住ランキングは、移住検討者や移住希望者が、膨大な選択肢の中から自身の望む条件に当てはまる自治体や地域を探す段階に役立ちます。移住ランキングが移住検討者や移住希望者にとって人気で有益でもあることは、宝島社やふるさと回帰支援センターのランキングが10年以上にわたり発表され続けていることからもうかがえます（**図表1**）。

実施団体	ランキング名（開始年）	集計方法と特徴
認定NPO法人ふるさと回帰支援センター	移住希望地ランキング（2009年－）	移住定住の促進に積極的な市町村を対象に、移住支援策、医療、子育て、自然環境、就労支援、移住者数などを含む250以上の項目のアンケートを実施。自治体の回答をもとに、田舎暮らしの魅力を数値化し、ランキング形式で紹介している。
宝島社「田舎暮らしの本」	住みたい田舎ベストランキング（2013年－）	調査対象は新規のセンター窓口相談者、新規のセミナー・相談会等参加者。調査手法は対象者へのアンケート（相談カード）、回答者数は10,000件以上。
株式会社カヤック	SMOUT移住アワード（2018年－）	移住・関係人口促進のためのマッチングサービスSMOUTユーザーが地域の発信する情報に対し、期間中に「興味ある」を押した数を集計しランキング化、日本国内500以上の地域が対象、興味ある総数は約65,000件。
日本テレビ	妄想移住ランキング（2023年－）	日本テレビ系ワイドショーで放送中の移住関連コーナーの特番。SUUMOや「田舎暮らしの本」編集長など、地方移住に詳しいとされる5人の専門家集団、通称「移住アベンジャーズ」が、おすすめする自治体をランキング形式で紹介する形式。

【図表1】 主な移住ランキング　　出典：筆者作成

影響力が高まる移住ランキング

移住促進を行う自治体にとっても、移住ランキングは重要な意味を持ちつつあります。毎年、移住ランキングが公表される時期になると、ランキング上位となった道府県や市町村が、高順位であることをアピールするプレスリリースを行っています。

自治体の中には、移住ランキングの順位を移住促進のＫＰＩに据えていたり、順位の上昇を政策課題に据えていたりするところもあります。例えば、富山県は２０１９年を目標年としたＫＰＩにおいて「移住希望先ランキング（ふるさと回帰支援セン

ター）」を挙げ、２０１４年時点の９位から２０１９年までに５位以内に引き上げる目標を掲げていました。[注1]

また、群馬県の山本一太知事は、２０２４年３月に公表された移住希望地ランキングで全国２位となったことを受けて記者会見を行った際、「私はこのランキングで全国３位以内というものを目標に掲げて、それを公言してまいりました。」と発言しています。担当した地域創生部長は「知事の方から、上位を目指せということでございまして」と、知事のトップダウンでランキングの上昇を目指してきたことを明らかにしています。また、あわせて同知事は「これはやっぱりトップを目指すしかないと思います。」と語っており、１位の静岡県が強いとの認識を示ししつつもトップを目指す方針を明言しました。[注2]

各種移住ランキングが自治体による移住促進に大きな影響を与えており、**03−06**で取り上げたようにＫＰＩや目標設定の重要性が喧伝される中で、その度合いはますます高まっていると言えるでしょう。

注1：　富山県、https://www.pref.toyama.jp/documents/8856/00928349.pdf.

注2：　移住希望地ランキングに係る山本一太群馬県知事記者会見要旨、2024年3月1日、https://www.pref.gunma.jp/site/chiji/633102.html.

移住ランキングの上昇を目指す＝より良い移住施策ではない

移住ランキングの影響力の高まりは、必ずしも良いことばかりをもたらしません。移住ランキングとは適切な距離感をとって付き合うことが大切です。

まず、押さえておかなければならないのは、ランキングの制作者の論理です。

通常、移住ランキングの多くは民間企業や民間団体によって発表されています。

図表1に整理したように、多くが営利企業によるものであることがわかります。つまり、多くの移住ランキングの目的は、事業者が顧客からの満足度を高め、利益を上げることであり、ときには自社の商品やサービスに誘導することである場合もあります。ランキングの仕様は、必ずしも自治体の移住促進が指標とすべき項目で重み付けされているわけではありません。ランキングの順位上昇を目指すことと、自分たちの地域を移住先として真に希望する人たちに向けた施策を行うことは、イコールではないことに注意が必要です。

移住ランキングが抱える自治体間格差の拡大側面

第二に、移住ランキングが自治体間の格差を拡大する側面にも注意を向ける必要があります。格差の拡大は、ほかの多くのランキングにも共通する避けがたい側面です。

例年、移住ランキングが公表されると、多くのメディアはその情報を種に特集や企画を組みます。筆者も過去に取材に協力した経験がありますが、たいていの場合、メディアが取り上げるのは移住ランキングで1位の自治体や、上位に急上昇した自治体です。そのため、ランキング上位になる↓メディアで取り上げられる↓注目度が高まる・移住先進地としての印象が広がる↓移住希望者からの問い合わせが増える、といったサイクルが構築されます。結果的に、移住ランキングで上位の自治体はそのまま上位に固定されやすく、ランキングで上位に入れない自治体は注目度がなかなか上がらない、もしくは下がってしまう構造が生まれるのです。

地理環境や交通インフラなどがハンデとなって順位に響くなど、必ずしも公平な順位争いではないにもかかわらず、一部の〝勝ち組〟自治体と、それ以外の多数の〝負け組〟自治体が再生産される構造がそこにあり、順位争いに疲弊感や諦めを抱く自治体も出ています。

算定方法や基準の透明性と、順位上昇の目的化という罠

最後の課題は、ランキングの算出方法とその基準についてです。例えば、『田舎暮らしの本』が毎年発表する「住みたい田舎ベストランキング」という人気の移住ランキングがあります。一見すると、一般読者に移住希望を問うたランキングのように見えますが、実は全国の自治体を対象に、移住支援施策の充実度や、編集部が住みやすさと関連すると判断した条件を質問項目として設定し、回答のあった自治体のアンケート結果を基に順位付けされたものです。ライターの甲斐かおり氏の言葉を借りれば、「移住希望者が「住みたいと思う」ランキングではなく、自治体が「住みたいと思ってもらえるように頑張っている（もしくはそうした条件が揃っている）」市町村ランキングという言い方の方が正しいと言える」ものなのです。注3

また、ふるさと回帰支援センターが毎年発表する「移住希望地ランキング」は、新規のセンター窓口相談者、新規の移住セミナー・相談会等参加者（いずれもオンライン含む）を対象としたアンケート調査に基づくものです。必然的に、ブースの設置、

注3: 甲斐かおり「「住みたい田舎ランキング」とは、人が「住みたいと思う田舎」のランキングではないことを知っていますか？」2019、https://news.yahoo.co.jp/expert/articles/87243d70ec0dc3ab6bc7923a25b15329f8a50e92.

相談スタッフの滞在時間の延長、セミナーや相談機会の増設など、同センターでの相談機会を増やすことにより、ランキングの順位が高くなる可能性も高まります。実際、センター理事長の高橋公氏は、2023年のランキングで1位が静岡県、2位が群馬県、3位が栃木県だった結果に対して、「センターには約半数のブースに就職の相談ができる専門スタッフがおり、静岡、群馬、栃木の上位3県は就職相談員が常駐していることも底上げの要因となっている」とコメントを出しています。注4 こちらも、「住みたいと思ってもらえるように頑張っている自治体」ランキングとも言えるのです。

こうした算出方法や基準は、それ自体に大きな問題があるわけではありません。特定の基準に沿って順位付けされており、不正などは無いでしょう。重要なのは、順位の算出方法や基準の意味を、自治体担当者や移住希望者がどの程度知っているかです。算出方法や基準の透明性は媒体によって差があり、中にはブラックボックスに近いものもあります。自治体は、公正な移住促進を展開していく上で、こうしたランキングをどこまで信頼し、どこまでその情報に乗るべきなのかを判断し、ランキングでの順位上昇自体を目的化したような施策は、その目的や意義を再検討することが重要でしょう。

注4：認定NPO法人ふるさと回帰支援センター「2023年の移住相談の傾向、移住希望地ランキング公開」2024年2月27日、https://www.furusatokaiki.net/wp/wp-content/uploads/2024/03/webnews_furusatokaiki_ranking_2023.pdf.

03-06 高まる広域連携の重要性

高知県の"二段階移住"政策から探るポイント

広域連携による共創的な移住促進へ

自治体間の過度な移住者獲得競争や補助金競争を乗り越える鍵の1つが「広域連携」です。これまで、多くの移住促進施策は自治体単位で実施されてきました。しかし、これからは広域連携による移住促進が一層、重要となります。

移住を検討する人の希望は、必ずしも特定の自治体で暮らすことにあるとは限りません。移住後の地域での生活も、1つの自治体に閉じていないことがほとんどです。さらに、予算規模の縮小や人材不足により、単独自治体のみで移住促進を行うことが、一部の地域では難しくなりつつあります。こうした状況を踏まえると、移住促進は、近隣自治体と連携して「点」ではなく「面」で取り組むほうが効果的であり、移住者や移住希望者の視点にも立った施策が展開できることがわかります。

現在、私たちが直面し、移住促進によって解決を試みる課題の多くは、自治体の枠で語っていても解決できないものばかりなのです。

一般的な広域連携による移住促進の例としては、広域連携中枢都市圏[注1]や、任意の自治体間連携による移住相談会やPRイベントの共同実施、移住促進パンフレットの作成、新聞雑誌やWebサイトへの広告掲載などがあります。こうした取り組みの中で、独自の移住スタイルと造語の普及に成功し、同様のモデルが全国に広がりつつある事例があります。それが、「こうち二段階移住（高知市二段階移住推進事業／高知市二段階移住支援事業）」です。この事業は2018年度（平成30年度）から、高知市と県内33市町村それぞれが地方自治法に基づく連携協約を締結して県全域で形成した「れんけいこうち広域都市圏」の関連事業として始まりました。

高知発の移住スタイル「二段階移住」とは？

「二段階移住」とは、移住するにあたって、まずは比較的都市部である県庁所在地や中核都市などに移住・滞在（一段階目）し、そこを拠点に地域をめぐりながら自分に合ったまちを見つけて移住（二段階目）する段階的な移住スタイルを指します。

注1：相当の規模と中核性を備えた中心都市が、近隣の市町村と連携し、人口減少社会にあっても、一定の圏域人口を有し、活力ある地域経済を維持していくことを目的とする構想。

「こうち二段階移住」の場合、まずは都市部の高知市に移住し、県内をめぐり34市町村の中から住み続けたいと思える地域を見つけてもらうという流れです[注2]（図表1、

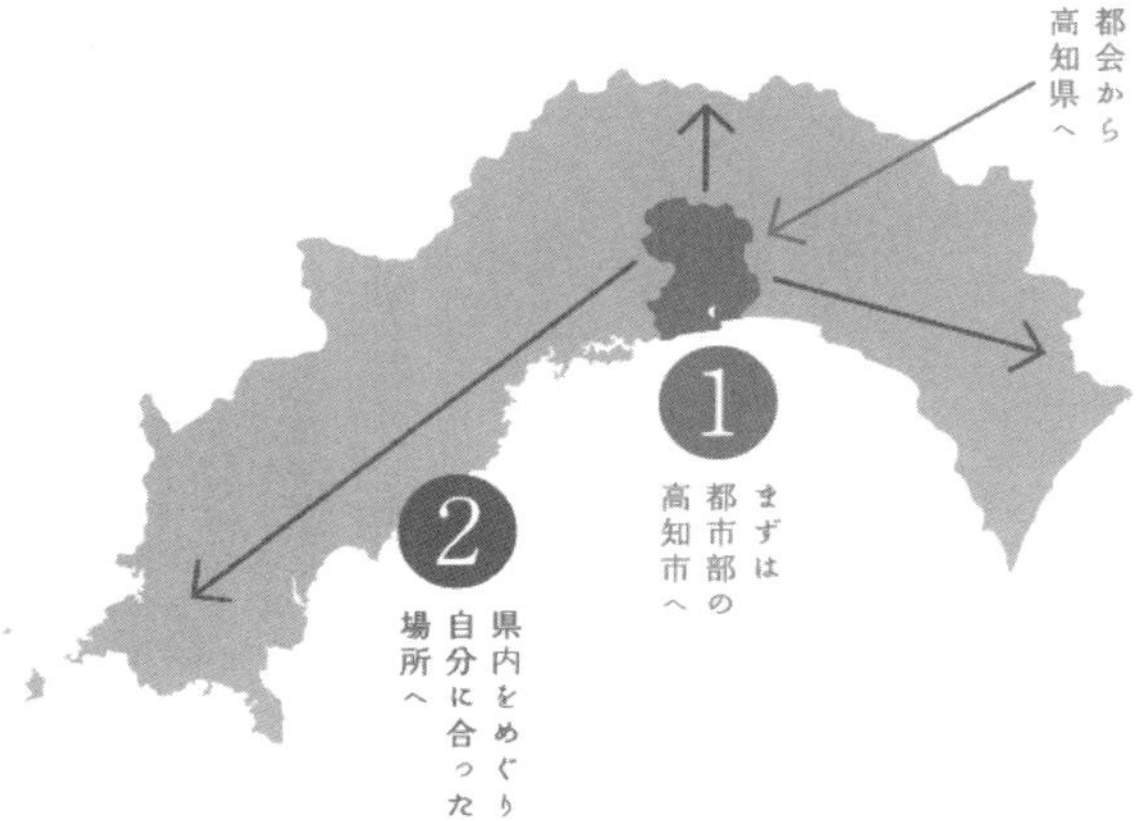

【図表1】こうち二段階移住のモデル
出典：https://www.city.kochi.kochi.jp/deeps/01/010999/renkei-nidankaiiju/about/#about02

【図表2】こうち二段階移住Webサイト
出典：https://www.city.kochi.kochi.jp/deeps/01/010999/renkei-nidankaiiju/

注2：二段階移住は、1ステップ目よりも2ステップ目の市町村規模は小さくなる傾向がありますが、様々な地域を見た上で、「やっぱり地方都市が良い」となるケースも多々あります。都市から農山村だけでなく、都市から都市という選択も視野に入るのが二段階移住の特徴です。

2）。

具体的な施策は、一段階目となる高知市でのお試し移住費用の補助、二段階移住のため県内市町村をめぐる際のレンタカー費用の補助、県や県内市町村が連携してのサポート体制の整備などです。

費用の補助においても工夫がなされており、補助対象者は、高知市が発行する「すてっぷ移住パスポート」を手に、県内市町村の移住相談窓口を3箇所以上めぐり、スタンプを集めると一定金額の補助を受けられるという設計です[注3]。3箇所以上という下限を設けることで、初めにピンとくる自治体があったとしても、複数の自治体を比べながら、合う・合わないや暮らしのイメージを考えられる設計になっています。また、広域連携という観点では、多様な連携の輪が広がる機会を創出しています。

理由はミスマッチの防止と相互補完関係の強化

高知市が他市町村と連携して二段階移住を促進するに至った背景は、一体どのようなものだったのでしょうか。

注3：　こうち二段階移住Webサイト「支援制度について」https://www.city.kochi.kochi.jp/deeps/01/010999/renkei-nidankaiiju/about/#about02

第一の理由は、移住者のミスマッチを防ぐことでした。移住は非常に魅力的な一方で、実際に生活するとなると、それまでの生活スタイルとのギャップに不安を感じてしまい、「移住への一歩がなかなか踏み出せない」といった声が聞かれていたと言います。[注4] こうした不安や移住への壁を少しでも低くするために、「二段階移住」は誕生しました。筆者が他の地域で調査をする中でも、二段階移住を実践した移住者と出会うことがあります。彼らの語りでよく聞くのは、「移住してみたら、都会で情報収集している時と情報量が全く違った」「移住後に次の移住先を探す中でネットワークが広がり、空き家を紹介してもらえた」「一段階目でなんとなく地域ごとの正確や雰囲気が掴めたから、移住後も意思疎通が図りやすかった」といった声です。こうした声から、移住希望者にとっても二段階移住という政策アイディアとアプローチはプラスに作用していることがうかがえます。

第二の理由は、広域連携による県内の人口減少対策です。こうち二段階移住を開始した２０１８（平成30）年当時、高知市の人口は県内人口の約46%を占めていました。１９９１（平成2）年時点では38・４%であったため、県全体の人口が減少するにつれて高知市の人口が占める割合は高まり、日本国内の都市圏への人口一極集中と同じ構造になりつつありました。こうした中で、高知市は、高知市と県内市町村

注4：高知市総務部市長公室政策企画課移住・定住促進室(2018)「高知からご提案「二段階移住のススメ」」『クリエイティブ房総』95: 3.

は、経済構造において相互補完の関係にあり、県全体及び本市の経済基盤の弱体化を防ぐためには、本市以外の市町村人口の減少を抑制することが急務であると考え、県や各市町村と密接に連携し課題解決を図っていくこととしました。[注5]

２０２０年代の日本社会では、地方においては、「うちの自治体だけ残れればいい」「うちの地域は勝ち組だから、負け組とは連携しなくていい」という発想は成立しません。こうち二段階移住の背景にあったのも、高知市一極集中が加速しその弊害が高まる中で、県庁所在地としての自覚を持ち、自分たちのためだけでなく県全体のためにも他市町村と連携するという姿勢だったのです。

広域連携の話をすると、「逆に競争が強まってしまうのではないか？」という声が挙がることがあります。定期的な情報共有や担当者同士のコミュニケーションが無い状態で進めると、確かにそのリスクはあるでしょう。

しかし、基本的には競争が強まることはありません。むしろ、移住者が移住先の候補となる自治体の選択についていかに迷っているかがわかってきます。自治体規模によって影響力や求心力に差異はありますが、相互に補完し合う〝お互い様〟の関係を前提に、広域連携による移住促進を意識してみてください。

注5：　注1と同様。

03-07 移住をめぐる実態把握のための調査ノウハウ

「必要だと思うけど、どうすればいいかわからない」移住をめぐる調査

移住促進施策を実施するにあたっては、他の政策と同様に実態を把握するための調査が必要不可欠です。しかし現状は、各省庁や移住関連団体（企業を含む）による全国単位もしくは東京都や東京圏在住者を対象とした調査が多く活用され、都道府県や市町村単位での調査は少ない状態にあります。また、都道府県が各市町村と連携して行う移住者数や移住相談者数の把握を目的とした調査についても、項目は限られており市町村が十分に活用できるものばかりではありません。

こうした中で、近年、様々な地域で移住担当者や首長、議員の皆さんなどと話していると、「移住に関する実態把握が必要だと思っているが、具体的にどうすればいいかわからない」という相談をよく受けます。そこで、市町村単位でも実施でき

る、5つの調査と具体的なノウハウを紹介します（**図表1**）。

必ずしも調査の数を増やせばよいわけではありませんが、勘や経験に多くを頼ってきた自治体や、一部の声の大きい移住者の意見が相対的に強く施策に反映されてきた自治体では、まず一度、網羅的に調査を実施してみることを勧めます。その際は、移住促進の目的や課題と照らし合わせて優先順位を設定することが重要です。

調査名	対象
1. 移住希望調査	域外在住者
2. 移住時の振り返り調査	移住者
3. 移住後の暮らしの調査	移住者
4. 受け入れ側地域調査	自治会等
5. グループインタビュー	移住者 地域住民等

【図表1】 移住をめぐる5つの調査
出典：筆者作成

移住希望の実態を調査する

現在、比較的広く行なわれているのが、移住希望を把握するための調査です。この調査は、自治体への認知度やイメージ、観光経験、移住を希望する場合の理由や課題を問う設問により構成されます。

実施方法は、オンラインで広く回答してもらう方法や、各種移住・観光関連のイベントでアンケートを配布したり来場者に聞き取り調査をしたりする方法があります。実施しやすい調査である一方で、対象となる回答者が多様であり、質問の候補も多く浮かびやすいため、今後の施策や現在の課題と適切に結び付けて行なう必要があります。

特に、移住希望を問う質問には注意が必要です。例えば、地方創生における移住促進の論拠として採用された内閣官房まち・ひと・しごと創生本部事務局「東京在住者の今後の移住に関する意向調査」（平成26年9月17日）では、移住希望の有無を問う質問で**図表2**のような選択肢が並びました。

しかし、「予定」と「検討」では日本語として大きく意味合いが異なります。「地方移住を希望する」ことと同義でもありません。また、「予定」と「検討」それぞれについて聞いているのならば、社会調査で気をつけるべきだとされるダブルバーレル質問（1つの質問で2つ以上のことを同時に聞いている）にあたってしまいます。「移住を希望しますか？」「移住を検討していますか？」といった質問は各種調査で頻繁にみられるものですが、一口に「希望」や「検討」といっても、その意味や解釈には個人差があることに注意しなければなりません。[注1]

選択肢
①「今後、1年以内に移住する予定・検討したいと思っている」
②「今後、5年以内に移住する予定・検討したいと思っている」
③「今後、10年以内に移住する予定・検討したいと思っている」
④「具体的な時期は決まっていないが、検討したいと思っている」
⑤「検討したいと思わない」である

【図表2】 移住希望の有無に関する調査の回答項目

出典：内閣官房まち・ひと・しごと創生本部事務局「東京在住者の今後の移住に関する意向調査」2014をもとに筆者作成

注1：伊藤将人「地方創生における地方移住促進の正当化論理と課題——ベストのクレイムのレトリック分析を援用して——」『都市社会研究』2023、15: 143-156.

移住に至るプロセスを調査する

移住後の住民を対象に行なう調査もみてみましょう。

まずは、移住前から移住に至るプロセスに関する調査です。これは、実際にその地域への移住を経験した人の声を、これから移住する人と共有し支援に活かすために行なうものです。実施方法としては、転入時に回答してもらうアンケートがあれば追加するか、転入者への配布物とあわせてオンライン回答に誘導するチラシを配布したりポスターを掲示したりすることも有効です。移住を振り返っての調査では、具体的には次のような質問が調査項目候補になります。

・その地域を移住先として選んだ理由
・移住までに利用した施策等
・移住時にあってよかった施策等
・移住時にほしかった施策等
・移住までに利用した情報
・住まいや仕事探しに関すること

・移住を検討してから実現までの期間
・移住にあたっての不安
・移住にかかった費用
・これから移住する人へのアドバイス

移住後の暮らしの満足度や困り事を調査する

移住後に一定程度時間が経った人を対象に行いたいのが、移住後の暮らしの満足度や困り事に関する調査です。これは、移住してもらえばそれで終了ではなく、移住の先に定住や永住を考えている人のケアを充実させ、移住後の暮らしを移住支援時に活かすために役立てるためのものです。

実施方法としては、転入経験を有する住民を対象に、オンラインでの回答に誘導する情報を載せた回覧板や配布物で周知したり、住民向けのLINE等オンラインで情報が共有できるツールを活用したりするのが理想です。もしくは、転入時のアンケートにて追跡調査への許可を求め、承諾してくれた人に連絡先を教えてもらうのも手でしょう。

なお、移住後の暮らしをめぐる満足度や困りごとは、移住後の年数によって変化するため、定期的に調査を実施することが望ましいです。また、量的な調査で不十分な場合には、追加調査への協力可否についての設問に加え、インタビュー調査を行なうのもおすすめです。具体的には、次のような質問が調査項目候補になります。

・移住後の生活の満足度
・移住後の支援等の満足度
・移住後の仕事（勤務地や通勤時間、業種、満足度）
・移住後の住居（住居形態や居住地域、住居）
・移住後の世帯収入、世帯支出の変化
・移住後の交通手段や移動手段
・移住後の地域との関わり（自治会等への加入有無、自治会等に関わっての感想、その他に参加しているコミュニティやサークル活動等）

受け入れ側地域の声を調査する

移住に関する調査は、移住者を対象としたものだけではありません。地域住民と移住者の摩擦やトラブルを防ぎ、乗り越える方法や、逆に多様な住民の共生に成功している地域の事例を共有していくことは重要です。

そこで行なうべきなのが、受け入れ側地域の住民や組織の声に関する調査です。自治会や町内会の長を対象に、移住をめぐる地域内の印象や出来事、取り組みを回答してもらったり、移住者が増えている地域の住民を対象とした郵送調査を行なったりすることが効果的です。調査によって集められた声は、自治体内の他地区とも共有することで、次の取り組みに活かすことが可能となります。具体的には、次のような質問が調査項目候補になります。

- 地域内／地区内で移住者は増えているか
- 今後、移住者が増えてほしいか
- 移住者が地域に入りやすい工夫をしているか
- 移住者と地域住民間のトラブルの有無

・移住者受け入れをめぐる自治体への要望

移住者同士、地域住民と移住者同士のグループで調査する

ここまでの調査は基本的に対個人、対1人を想定していましたが、フォーカスグループインタビューやグループインタビュー調査と呼ばれる手法もおすすめです。これは、事前に依頼した1グループ5人以上程度の参加者に集まってもらい、モデレーター（司会者）が質問しそれをきっかけに参加者同士で意見交換をしたり、質問に答えてもらったりする方法です。また、グループインタビューは、それ自体が新たなつながりや交流を生む機会にもなります。

具体的には、移住者5人以上に集まってもらい、グループインタビューを行なうことで、1人で回答しているときは気づかなかった、思い出せなかった「あるある」が共感の中で浮かんできたりします。また、複数人が賛同したり共感したりした場合には、特定の経験が特定の個人のものではなく他の人も経験しうるものであることがつかめます。

また、地域住民と移住者が3人ずつ程度集まってグループインタビューを行なう

のも効果的です。人はつい、自分の視点が普遍的で当たり前のことだと思ってしまいますが、異なる立場の人が集まり話すことで「移住してきた人は、そのことを知らなかったのか！　これからは初めに伝えないといけないな」と地域住民が気づいたり、逆に「地域の方の言動の背景には、そんな歴史や伝統があったのか！　それならこれからはもう少し協力しようかな」と、他者の文脈を理解することで、これまで賛同できなかったことに賛同する気持ちになったりもします。こうした機会は意図的につくらないとなかなか生まれないものです。自治体内のいくつかの地区で実施することで、地区ごとの違いや地区を越えて共通する実態も明らかになるでしょう。

実態を把握する際に気をつけるべき3つの点

これらの調査を行う際には、いくつか気をつけるべきことがあります。

第一に、当然ながら個人情報の取扱いには注意が必要です。

第二に、アンケート調査は設問の設計によって回答にバイアスがかかったり、結果が大きく変わったりする可能性があります。調査に詳しい人がいない場合には、移住定住や調査統計に詳しい大学等の研究者や、調査に強い民間企業と連携するのも手となります。

第三に、調査の対象を明確にすることが重要です。本書で何度も言及している通り「移住者」には確固たる定義がありません。その調査が、どんな居住歴の人を対象としているのか、全ての転入者なのか、転入者でも特定の人なのかなど、アンケート等の最初に対象を明確にすることが重要となります。

03-08

担当者の個人的な経験を活かす

大事な担当者の個人的な経験や意見

本書では、公正で持続可能な移住促進施策を実現したり、地方移住をめぐる課題を解決したりするためには、アンケート調査やヒアリング・インタビュー調査などにより、客観的・科学的に実態を把握することの大切さを強調してきました。現在の移住促進施策にはこうした根拠や理由が不足している状態にあり、それがここまでにも指摘してきた是正すべき不平等性や偏りを生じさせている面もあります。

一方で、担当者の個人的な経験に基づくアイディアや意見もとても大切です。特に、移住促進の担当者になる以前に自身が移住した経験や、移住できなかった経験は、施策の立案や形成に活かされていくべきです。以降では、それらが移住促進の現場で有効に働いた例をみていきましょう。

移住の当事者としての経験と声を活かす

1つ目は、地域おこし協力隊の例です。ある自治体で移住担当者へのヒアリングを行った際、こんな語りを聞きました。

「うちの自治体は、地域おこし協力隊に移住促進業務の一部を担ってもらっています。なぜなら、私を含め他の職員はこの地域で生まれ、大学進学で東京や名古屋に出たものの、いわゆる移住をしたことがないからです。協力隊員は、移住の経験者です。経験者だからこそわかることがありますし、相談する側との共感も生まれやすいと思っています。」

これに近い言葉は、これまで訪問した他の自治体でも聞くことがありました。協力隊員は、自らが移住の経験者であり当事者です。都市圏から移り住む際に苦労したり、壁を感じたり、こんな支援策があったらいいなという思いを抱いたりしてきた人が多くいます。都市から地方への移住は人生における大きな決断となることが多く、必要になる手続きの負担も大きいため、経験が大きな武器となり説得力となるのです。

その地域にずっと住んでいる人にしかわからないことがあるのは前提としても、協力隊等の制度を活用し、移住定住アドバイザーや窓口相談員に移住経験者を含むことで、先輩移住者が移住希望者・移住検討者の相談相手になるように設計するのは、当事者目線に立った移住促進を実現する上で、今後ますます重要となります。

長野県千曲《ちくま》市の「あんずるノート」

２つ目は、長野県千曲市の「あんずるノート」の例です。県庁所在地の長野市と、第三の都市である上田市の間にあり、杏や棚田、東日本最大級の前方後円墳で知られる千曲市

【図表1】「あんずるノート」
出典：千曲市提供

は近年、近隣自治体から遅れて移住促進施策に力を入れ始めました。そんな千曲市では、移住促進に携わる担当者の経験を施策に活かすことで、「移住検討者に寄り添う」ことを大切にした取り組みを行っています。

過去に担当者自身、移動含むいくつかの人生の選択で、自分のやりたいことに対する未練がありました。「移住検討者の皆さんには、後悔しない選択をしてもらいたい。自分が一番納得する選択をしてほしい」という担当者の思いを形にしたものが「あんずるノート」です（**図表1**）。

名前には、千曲市の名産である「あんず」の実がじっくりと熟するように、移住に対する気持ちをじっくりと「案じて（考えて）」、家族や大切な人と本音で話し合うきっかけ（ツール）として使ってもらいたい、という思いが込められています。理想・夢・不安・心配事など移住に関する自分の気持ちはもちろん、家族や大切な人の気持ちも書き留められる構成になっています。

また、千曲市の情報だけでなく、他地域の情報を含め、感じたことや考えたことを記録して比較することで、移住に関する具体的なビジョンが明確になる設計になっています。こうした構成やデザイン、制作意図などが注目されてメディアで取り上げられたり、都内にある長野県のアンテナショップでノートを活用したワークショップを開催したりしています（**図表2**）。

「あんずるノート」の原点は担当者個人の経験や思いでしたが、そうした個人的な経験が結果的に、移住希望者に寄り添い、独自性のある移住促進につながっています。客観的かつ科学的な分析や戦略に基づいた政策立案が求められる中でも、個人の経験に軸足を置いた取り組みは共感を呼び、独自性の確立の端緒になり得ることがわかる例です。

【図表2】 あんずるノートは移住検討者に郵送で配布もしている

出典：https://www.chikuma-iju.jp/pamphlets

03-09

移住者と地元住民のトラブルを防ぎ、乗り越える11のアイディア

移住促進により高まる住民の多様性と、生じるトラブル

持続可能な移住促進の達成は、移住後に「定住したいと思う人が、定住し続けられる地域を実現すること」と切り離せません。自治体にとって、移住後に定住する人の増加は嬉しいことです。また、移住促進の本質は「幸せそうに地域の人々が暮らしている地域は、惹かれる人も増える」であると考えると、住み続けたい人が増えることは、自治体による移住促進策が成功している証とも言えるでしょう。

一方で、移住したものの定住はしない人も多くいます。移住した人がその地を去り、新たな地域に移り住むこと自体は、問題ではありません。「移住者」と「地域住民（地元住民）」の間でトラブルが生じ、住み続けたいにもかかわらず、地域を離れざるをえなくなってしまうことが問題なのです。ここで移住者と地域住民に鍵括弧

を付けたのは、「便宜的に二項対立で表現しているけれど、実態は複雑で二項対立で語れるものばかりではない」という点を伝えたいからです。

「個人間のトラブルは、政策による移住促進と関係ないのでは？」と思う方もいるかもしれませんが、これらを簡単に切り離して考えることはできません。国や自治体による移住促進が活発化する中で、移住者の中には、政策的な支援があったからこそ移住した人がいます。逆に、移住支援があるからこそ、移住者を安心して受け入れる地域住民もいます。つまり、地方移住が制度化されつつある現在、移住者が経験する一見して個人的なトラブルには、様々な形で政策の影響を受けた、社会的で、政策的なものも多くなっているのです。例えば、NHKが2023年に地域おこし協力隊（退任者を含む）1千453人を対象に行った調査では、地域住民などとのトラブルを経験した隊員が27％、約4人に1人いることが明らかになりました[注1]（**図表1**）。

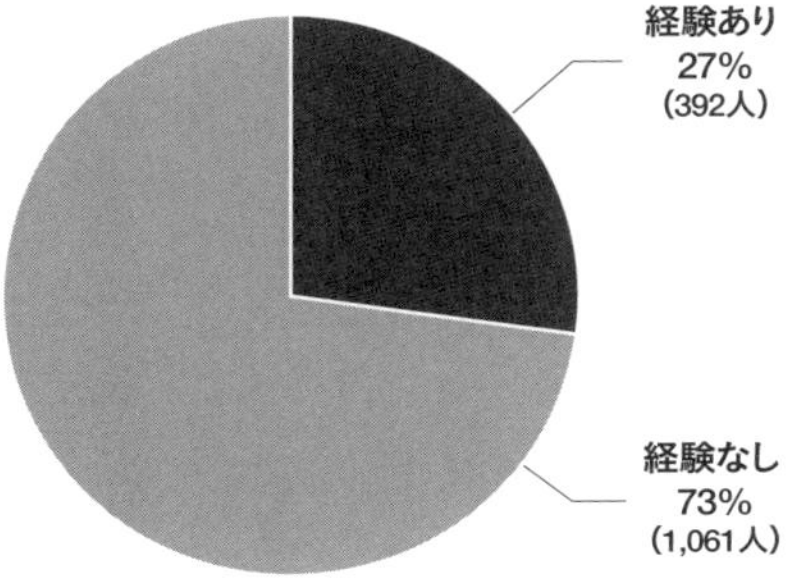

【図表1】 地域住民などとのトラブルを経験した地域おこし協力隊員の割合

出典：都市と地方のすれ違い“地域おこし炎上”はなぜ？」2023、https://www.nhk.or.jp/gendai/articles/4819/#p4819_02

注1：NHK「都市と地方のすれ違い“地域おこし炎上”はなぜ？」2023、https://www.nhk.or.jp/gendai/articles/4819/#p4819_02

生活様式や行動原理、人間関係をめぐる〝当たり前〟の違いがトラブルの種に

住民同士のトラブル自体は、人類が遊動から定住へと生活のスタイルを大きく変えた約1万年前——いわば〝逃げられる社会〟から〝逃げられない社会〟に転換したとき——から現在まで起こり続けています。[注2] 同じ場所に住み続ける社会では、集合離散を繰り返す社会では起きなかったトラブルが生じ、〝嫌な人〟とも共に暮らす必要が出てきます。それは、都内の高層マンションでも同じです。では、移住者と地域住民の間で生じるトラブルにはどういう特徴があるのでしょうか？

例えば農学者の本田恭子氏らは、都市住民の農山村への移住における価値観の違いやトラブルについて、次のように説明します。

「家族単位での行動の自主性が尊重される都市での生活と異なり、農村では住民同士が生活・生産の両面に渡って互いに深く関わり合うことが〝当たり前〟とされる。また、住民の生産や生活を支えるために種々の組織が存在し、これら組織やその活動に参加することも〝当たり前〟とされる。さらに、そのため、移住者と農村住民の生活様式や行動原理、人間関係のあり方に対する認識の間にはか

注2：　西田正規『人類史のなかの定住革命』2007、講談社学術文庫．

なりの隔たりが存在する。（中略）移住者の異質性が十二分に活かされた事例が存在する反面、このような認識の隔たりが基で、移住者と地元住民間の軋轢や移住者の生活への悪影響が生じたり、移住が失敗に終わるケースも多い。つまり、地元住民の移住者に対する認識や対応は移住者の生活に多大な影響を与え、移住の成否をも左右し得る。[注3]」

地域をめぐる認識や価値観の違いが、トラブルや移住の失敗につながった事例は多数報告されています。開発事業における環境や将来への影響をめぐる認識の相違に基づく事例、自治組織やその活動への参加が移住者の重い負担となってしまった事例、移住者が活性化活動を始めようとしたが賛同や協力が得られず思うようにできなかった事例、移住者による借家の改修が誤解を生み退去を求められた事例、地元住民からの過剰な歓待に消耗して別の地域に移住した事例――[注4]。これらは氷山の一角です。

人間同士であるため、どうしても避けられないトラブルや、明らかに個人の言動に問題があるケースもあるでしょう。しかし、事例から示唆されるのは、必ずしも個人では解決できず対応が難しいトラブルも多数あるということです。そしてそれ

注3: 本田恭子・伊藤浩正・小田滋晃「都市住民の農村への移住に対する中山間地住民の受け入れ条件―三重県伊賀市K地区を事例に―」2022、47(2): 185-193.

注4: 高木学「過疎活性化にみる「都市ー農村」関係の諸相―Iターン移住者を巡る地域のダイナミズム―」『京都社会学年報』1999、7: 121-132. 高木学「「離都向村」の社会学―Iターンに見る過疎地域と都市の相互作用―」『ソシオロジ』2000、44(3): 3-20. 閻美芳「新規参入する有機農業者と既存村落との共存可能性―茨城県石岡市八郷地区の取組を事例として―」『ソシオロジ』2009、54(2): 37-53. 吉田佳世「村落(シマ)的世界を再考する―八重山群島石垣島・伊原間集落における移住者と先住者の関係をめぐって―」『人文学報』2010、423: 71-102.

らは、移住者だけが不快に感じたり経験したりするものではなく、多くの地域住民も同じように悩み、感じているものだと考えられます。

トラブルを乗り越えるための11の方法

それでは、「移住者」と「地元住民」のトラブルを未然に防ぐために、政策的にはどのような方法があるでしょうか。**図表2**は、自治体や移住促進団体が地域や住民と連携して行えるトラブルを低減し、乗り越えるためのアプローチについて、調査や先行研究を基に整理したものです。

まず重要なのが移住前段階での対策です（1〜4）。移住促進施策は行政のみで完結するものではありません。その過程から多様な住民の声を反映させること（1）が大切です。例えば、「集落の教科書」や「移住の教科書」の作成などが有効です。京都府南丹市や静岡県牧之原市、京都府綾部市などで移住希望者・移住者向けに配布されているもので、住民の声を反映しながら移住後の暮らしで直面する文化の違いや考えうる困り事を解説した手引きです。

また、移住前に移住希望者と地元住民の接点があることで、地元住民に近い価値観を持つ移住者が移住している可能性があるケースも報告されています。この点を踏まえると、移住体験ツアーやお試し移住時の交流、イベント等を通じた協働などが重要であるといえます（2）。[注5]

続いて、移住後段階のサポート体制の充実も重要です（5〜7）。例えば、移住者同士がトラブルや困り事を相談しあえる関係をつくること（5）、何かあったときには相談できる相談先を設置し、あらかじめ周知することも有効です。また、移住者と地元住民の間に立って翻訳する「仲介者」を設置することの重要性も報告されています。[注6]近年は地域おこし協力隊経験者などがその役を果たす事例も多いようです。

さらに、受け入れ側地域における情報の収集や共有もポイントです（8〜11）。移住促進施策

移住前段階	1. 移住促進のための広報PRに多様な住民の声を反映させる
	2. お試し移住や移住体験ツアーの充実
	3.「集落の教科書」や「移住の教科書」の作成
	4. 地域おこし協力隊制度等を活用する場合は、受け入れ前にできる限り両者の目的や認識、考えを擦り合わせる
移住後段階	5. 移住者コミュニティの企画運営と招待
	6. 移住者と地元住民をつなぐアドバイザーや仲介者の設置
	7. トラブルや困りごとが生じた場合の相談先の案内
情報収集共有	8. 移住後のヒアリングや経年的調査による継続的な実態把握
	9. お互いを知るための交流の場や意見交換機会の設置
	10. 受入地域を対象とした講座や情報共有機会の充実
	11. 過去の失敗事例や反省をまとめた資料の公開・共有

【図表2】 トラブルを防ぎ、乗り越えるためのアプローチ　出典：筆者作成

注5: 羽場杉人・鬼塚健一郎・星野敏・清水夏樹「新規移住者と定住者が持つ豊かさの価値観の同類性と定住の関係　阿智村清内路《せいないじ》地区の事例研究」2020、39(1): 55-63.

注6: 伊藤将人「農村社会における移住者と地元住民の関係性の構造と共生への一考察：映画『おおかみこどもの雨と雪』を題材に」2021、1(2): 111-128.

では、往々にして移住後の動向を追わない傾向があります。しかし前述の通り、移住促進施策の成否は移住者の増減ではなく、移住者や地域住民の暮らしの満足度にあります。また、移住後こそ、地域でのリアルな暮らしの声が収集できる好機です。転入時のアンケートや移住者同士の交流会で連絡先を収集し経年的に移住者の声を集め、施策に反映することが重要です(8)。他にも、受入地域側で多様な住民が共に幸せに暮らしていくための議論の場を設けたり(10)、過去の失敗事例や反省を基に受け入れ体制の充実へと反映する仕組みづくりも効果的です(11)。

ここでは、「移住者」と「地域住民」のトラブルの実態と、それらを防ぎ、乗り越えるための方法をまとめてきました。おせっかい過ぎるように見えるかもしれませんが、移住者に限らず多様なライフスタイル・ワークスタイルを実践する人々を政策的に地域に誘致する取り組みが行われている中では、いかに共生していくかを、日本人同士であっても考えていく必要があるのです。

03-10 格差拡大を防ぐために必要な「正義」の視点

移住機会の格差拡大に影響しているかもしれない政策

本書では、地方移住と移住促進施策をめぐる様々な課題をみてきました。その中の1つに、移住機会の格差という問題がありました。現在の移住促進施策によって理想的な存在として位置づけられることが多い、Iターン者や子育て世帯、転職なき移住の実践者、起業家的移住者といった特定の移住者に比べて、Uターン者やいわゆる「普通」の移住者は相対的に支援が限られていたり、機会に不平等が生じたりしています。

移住に限らず、人々の移動をめぐる格差は拡大傾向にあります。移住機会の格差を放置すれば、「移住できる人」と「移住できない人」の格差がさらに広がる可能性があります。また、こうした格差の拡大に政策が影響している側面もあります。

そうした政策は是正されていくことが望ましいでしょう。

モビリティ・ジャスティスという考え方

移住機会の格差拡大について考え、より良い対処方法を考える補助線として紹介したいのが「モビリティ・ジャスティス」という概念です。これは、「移動の正義」や「移動の公正性」などと訳される社会学の概念です。この概念を提唱した社会学者ミミ・シェラー氏によれば、モビリティ・ジャスティスとは、「権力と不平等が、モビリティをめぐる統治や制御にどのように影響し、人、資源、情報の循環における不平等なモビリティとインモビリティのパターンを形成するのかを考えるための包括的な概念」と定義されます。[注1]

もう少しかみ砕いて説明してみましょう。地方移住という一種のモビリティ（移動）は、本質的に様々な権力の影響を受けており、様々な不平等を内包しています。これらの権力や不平等が、移住をめぐる政治的・政策的な関与や、社会的な制約にどのように影響しているのか。移住できる人がいる一方で、移住できない（インモバイル）な人にはどんなパターンがあり、それらはどのように形成されているのか。

注1： Sheller, M.(2018)Mobility Justice: The Politics of Movement in an Age of Extremes, VERSO.

そうした問いを立てる補助線となるのがモビリティ・ジャスティスです。「ジャスティス」には、社会的に見て正しい状態にあるか、移動やその機会に偏りがないかを重視するというニュアンスがあります。

モビリティ・ジャスティスは移民難民や交通インフラ、エネルギーや資源の移動など、グローバルな移動を射程に収めます。同時に非都市空間、つまり地方におけるさまざまなアクセシビリティとも関連します。[注2] この場合のアクセシビリティには、移住促進施策や各種支援などへの接続しやすさも含まれます。

人種や国籍、ジェンダー、年齢、障がい、セクシャリティへの配慮

シェラー氏は、不公正な移動の自由を形づくる、人種、ジェンダー、年齢、障がい、セクシャリティなどに着目せよと指摘します。これは地方移住・移住促進施策を考えるうえでも示唆的です（**図表1**）。例えば、多くの自治体が行っている移

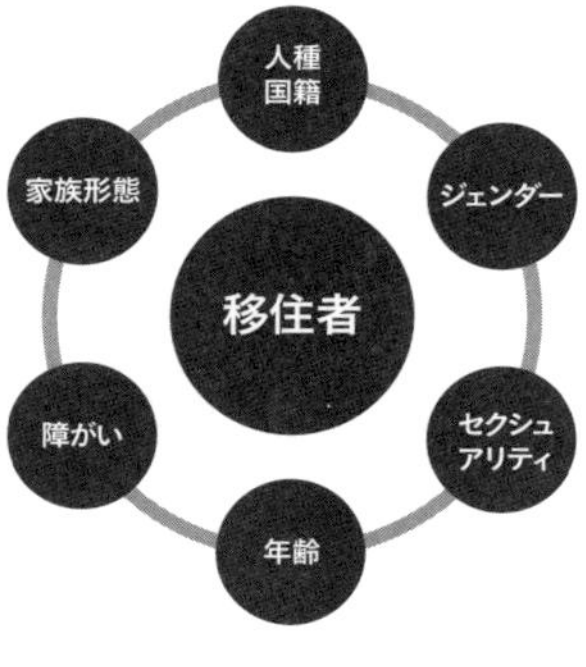

【図表1】 移住者を考える際の多様な視点
出典：筆者作成

注2：Sheller, M.（2019）Theorizing mobility justice, Cook, N., Butz, D. eds, Mobilities, Mobility Justice and Social Justice, Routledge, 22-36.

住促進施策は、ときに特定の移住者像や家族像を理想化しすぎるあまり、そこに該当しない人々を排除し制約を与えることがあります。

例えば、若年層を中心とした支援策の充実は、年配層の移住希望者からすると、自身が歓迎されていない感覚や排除感を抱くかもしれません。

また「移住女子」[注3]「移住婚（02-03参照）」「シングルマザー移住」などという言葉で女性の移住が関心を集め、支援も厚くなっていますが、性自認・性同一性などをめぐって従来の分類に当てはまらないLGBTQのような人が、支援策に自身が該当するかどうかを不安に思うこともあるでしょう。

また日本の地方移住の文脈においては、移住者＝日本人というバイアスが強く、以前から存在してきた外国人の国内移住は無視されてきました。[注4]近年では、地域おこし協力隊制度の拡充に向けて外国人隊員への支援が厚くなりつつありますが、人種や国籍という観点は、従来の移住促進施策では抜け落ちてきました。

分配的正義と熟慮的正義

以上のような様々な属性・立場の人々を念頭に置いた移住促進施策の展開は、移

注3: 伊佐知美『移住女子』2017、新潮社

注4: 伊藤将人「戦後日本における移住言説の変遷―1980-2000年代の雑誌分析より―」2023、日本メディア学会 理論研究部会 第38期第22回研究会.

住機会の格差拡大を防ぐことに直結します。客観的な視点は、理想化された特定の移住者への支援の集中を防ぐためです。こうした視点を踏まえた配慮は、どのようにすれば成立するのでしょうか。様々な立場の人を意識した施策はどうすれば実現するのでしょうか。ここで再度、シェラー氏の言葉を引いてみましょう[注5]。

シェラー氏は、私たちは公正な持続可能性にコミットする必要がある、と言います。公正な持続可能性は、既存の空間の中でアクセシビリティを高めることで達成される「分配的な正義」を必要とします。同時に、どの活動が保護されるべきか、どの活動が削減されるべきかを決定するための実質的価値をめぐる深い熟慮も必要であるとし、その線引きや広範な分配と関連する「熟慮的な正義」が重要であると指摘します。

またしても難しい表現が出てきましたが、移住促進施策に当てはめて整理してみましょう（**図表2**）。

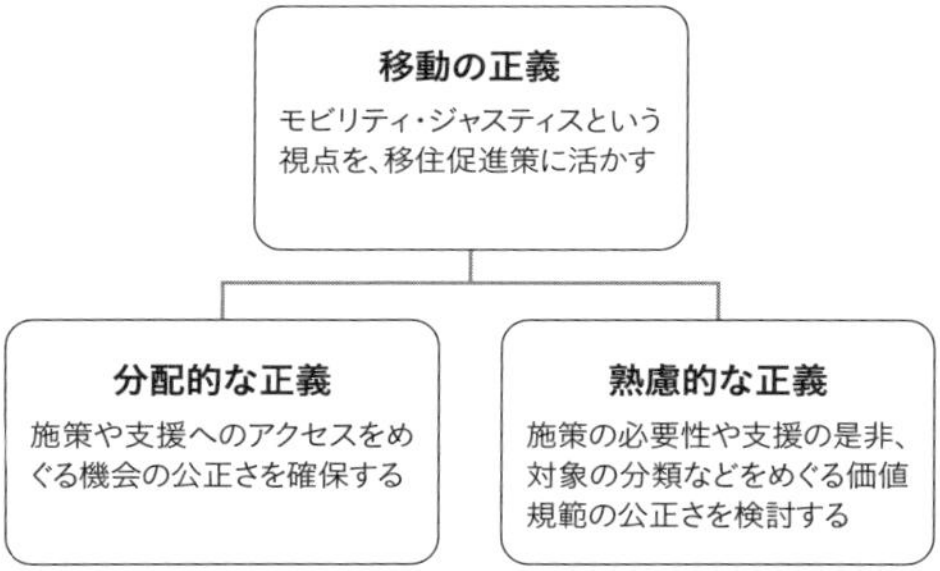

【図表2】着目すべき正義の観点

出典：筆者作成

注5：Sheller, M. (2024) Mobility Justice and Sustainable Futures, Dijk, M, V., Vermeersch, L. eds, Mobility/Society: Society Seen through the Lens of Mobilities, Lars Müller Publishers, 142-144.

既存の移住をめぐる状況における前述のような格差を是正し、様々な人が公正に移住支援や移住機会へとアクセスできるようにするためには、第一に支援やアクセス機会を分配して施策を設計することが重要です。その上で、どの施策を、どの対象に向けたものを減らすのか、増やすのかを規定する価値や規範について、しっかりと議論していくことが必要となります。具体的には、様々な立場の人の意見を施策に反映すること、上位政府や周辺自治体の動向に流されずに施策を支える前提を問い直すなど、一段深い議論が必要ということです。

より公正で持続可能な移住促進施策を実現するためには、具体的なHow toばかりではなく、こうした抽象的な概念を使いながら、常にWhyを問うことも重要です。翌年度の施策を検討したり、新たな計画や戦略をつくったりする際にぜひ一度実践してみましょう。

03-11 「移住したい人を増やす」ではなく「移住した人の背中を押す」政策へ

中長期的な視点で持続可能な方法へ

本書では、公正《フェア》で持続可能な移住促進を実現するための現状認識やキーワード、考え方、方法などを取り上げました。これまでの国や地方自治体による多くの移住促進は、「移住者をどのように増やすか？」を重視してきたことは述べてきたとおりです。そして、移住者数や移住相談者数を増やすという目標設定には、本来の目的を見失わせるような側面があること、手段の目的化というジレンマが生じやすいことを指摘しました。

「移住者や移住相談者数を増やす」という考え方の前提には、「自分の地域に移住したい人を増やす」という発想の枠組みがあることが多いです。マクロかつ中長期的な視点で考えた場合には、人口減少していく日本社会において、限られた人口を奪い合う自治体間競争を激化させる発想です。さらにミクロに見ても、地域の認知がないところから0→1で移住したい人を増やし、移住の実現へとつなげていくことは、現場にとっても決して楽なものではなく、持続可能とは言えないでしょう。

移住したい人の背中を押す、壁を乗り越える支援の重視へ

そこで、本書が最後に提案するのが、「移住者や移住したい人を増やす」移住促進から、「その地域に移住したい人の背中を押す」移住促進への転換です。より分かりやすく言うと、その地域に移住したいと思っている・考えているけれど、なんらかの壁があって実現が難しかったり前に進みにくい人に対して、壁を乗り越えたり壁を壊すサポートをすることで、移住を実現するための後押しをする移住促進を重視した方針への転換です。

「背中を押す」移住促進への転換の重要性は、さまざまな地域で多様な人と出会い、話を聞く中で筆者がたどり着いた1つの結論です。兵庫県や岩手県、長野県の自治体で行った、とあるインタビュー調査の結果を紹介します。

それぞれの地域で数十人の方に、「あなたは、自分の地域に移り住んでくる人が

増えるのは嬉しいですか？」と尋ねたところ、8割以上の方が「増えてほしい」「増えるのは嬉しい」と答えました。続いて、「国や地方自治体が移住促進によって移住者を増やす取り組みは今後も行うべきですか？」と聞いたところ、「行わなくてよい」「そこまではしなくてよい」という答えが半数以上を占めたのです。

この一連の調査は、地方移住に関して、地域住民の考え方と国や自治体の考え方や取り組みにはギャップがあるのではないかと考え始めるきっかけになりました。さらに、政策的に移住促進することはいかにして正当化されるのか、そもそも移住を促進するとはどういうことなのか、と考えはじめる契機にもなりました。

そこから導き出された方策の1つが、「この地域が好き」「この地域の人たちと一緒に生きたい」と思いながらも、さまざまな壁があることで行動に移れない人たちへの支援を重視すること。つまり、「広く誰でもたくさん来てください」という従来型の移住促進から、「背中を押す」移住促進への転換という提案なのです。

本来の地域政策の王道が間接的な移住促進になる

本書は「移住促進に取り組むなら、公正で持続可能な政策によって実現すべきではないか」という立場を取ってきました。一方で学術的には、移住促進施策や関連する定住促進施策の効果や有効性をそもそも疑問視する声もあります。

例えば、政府としても地方自治体としても長期的に取り組んできた移住施策やU・I・Jターン事業は、全国的に見ると効果が上がっているとは言い難いという研究結果があります。[注1]また、若年世帯を対象とする定住促進策としての住宅補助事業が有効に機能していない可能性を指摘し、地方自治体は短期的な人口増加を目的とするそれらの事業よりも中長期的な人口減少への対応が重要であると主張する研究もあります。[注2]

高度経済成長期頃までは、地方への移住を促進する政策はありませんでした。[注3]しかし当時も地方への人口移動は存在し、人口移動の誘導も実現していました。この点について、経済学者の山﨑朗《あきら》氏が地域政策の観点から重要な指摘をしています。[注4]

山﨑氏によれば、地域政策の王道は、人や自治体に直接補助金を出すのではなく、地方への高度な職の移動、地方における高度な職の創造にありました。しかし、サービス経済化やグローバル化、知識経済化、都市化の時代においては、小都市や農山村に高度な職を移動させることは、一部の産業（インターネット関連のサテライトオフィスなど）を除くと、極めて困難になっています。そのため、地域政策の王道であるは

注1: 永井保男「国内移住の人口学」『中央大学経済研究所年報』2014、45: 653-687.

注2: 豊田奈穂「定住促進政策の居住地選択行動」『経済系』2021、282: 108-113.

注3: 伊藤将人「戦後日本における地方移住政策の登場と変遷―政策的移住促進というアイディアと人材としての「移住者」への期待―」2023、一橋大学大学院社会学研究科博士論文.

注4: 山﨑朗「地方創生の政策課題と政策手法」『経済学論纂』2017、57(3・4合併号): 375-395.

ずの地方への職の移動や地方における高度な職の創造は、容易ではなくなり、時間を要するものとなりました。人口減少社会への本格的な突入やそれに伴う人材不足、これらの課題をより早く解決するために設定されたＫＰＩ等の実現のために、特に地方創生以降は、国や地方自治体はこれまでの地域政策とは異なる、ある意味で王道からは外れた「短期間に効果が明確に現れる政策にシフトするという誘惑」から逃れられなくなったのです。ここでの「誘惑」とは政策的な移住促進にほかならず、「移住者数」や「移住相談者数」をＫＰＩにその達成を目指し、施策を拡充して一喜一憂する現在の状況を指しています。

思考実験として可能性を探る

地域政策の王道である「仕事」と「住まい」の確保や支援は、現在においても、移住を直接的に促す施策と同等以上に重要です。テレワークやリモートワークが普及し、新幹線・飛行機、将来的にはリニアモーターカーといった長距離の高速移動手段が発展しても、統計的にみればそれで地方移住に至る人は一部に過ぎません。「普通の移住者（03‒02参照）」の背中を後押しするのは、移住そのものを支援する直接的な移住促進ではなく、産業基盤の活性化や安定化、安価な住まいの拡充などによる間接的な移住促進なのかもしれないのです。

「移住促進を行わない」とは、政策的に人の移動を促すことを全てやめようという提案ではありません。一種の思考実験として、例えば移住促進に充てられる予算を他に回すことで、直接的な移住促進以上に移住者の後押しや支援ができる可能性を探るといったことも、公正で持続可能な移住促進を実現する上で、重要なアプローチなのです。移住促進という横並びの競争から勇気をもって撤退するという選択が、広い意味での地方移住プロモーションにつながる可能性があるということを忘れてはいけません。

Column

地方移住・移住促進について もっと考えたい人に おすすめの10冊

地方移住プロモーションについて、もっと知りたい方へ

本書では、地方移住や移住促進について広く解説してきました。これまで、移住促進を、これほど正面から平易かつ網羅的に取り上げた本は無いでしょう。

しかしそれでも、紹介したいけどできなかった、解説したいけどできなかったことがたくさんあります。そこで最後に、「もっと地方移住について知りたい！」「もっと移住促進のヒントとなる知識を身につけたい」という方に向けて、地方移住・移住促進に関するおすすめの10冊をピックアップしました。中にはアカデミックで少々難しいものもありますが、ぜひ読んでみてください。

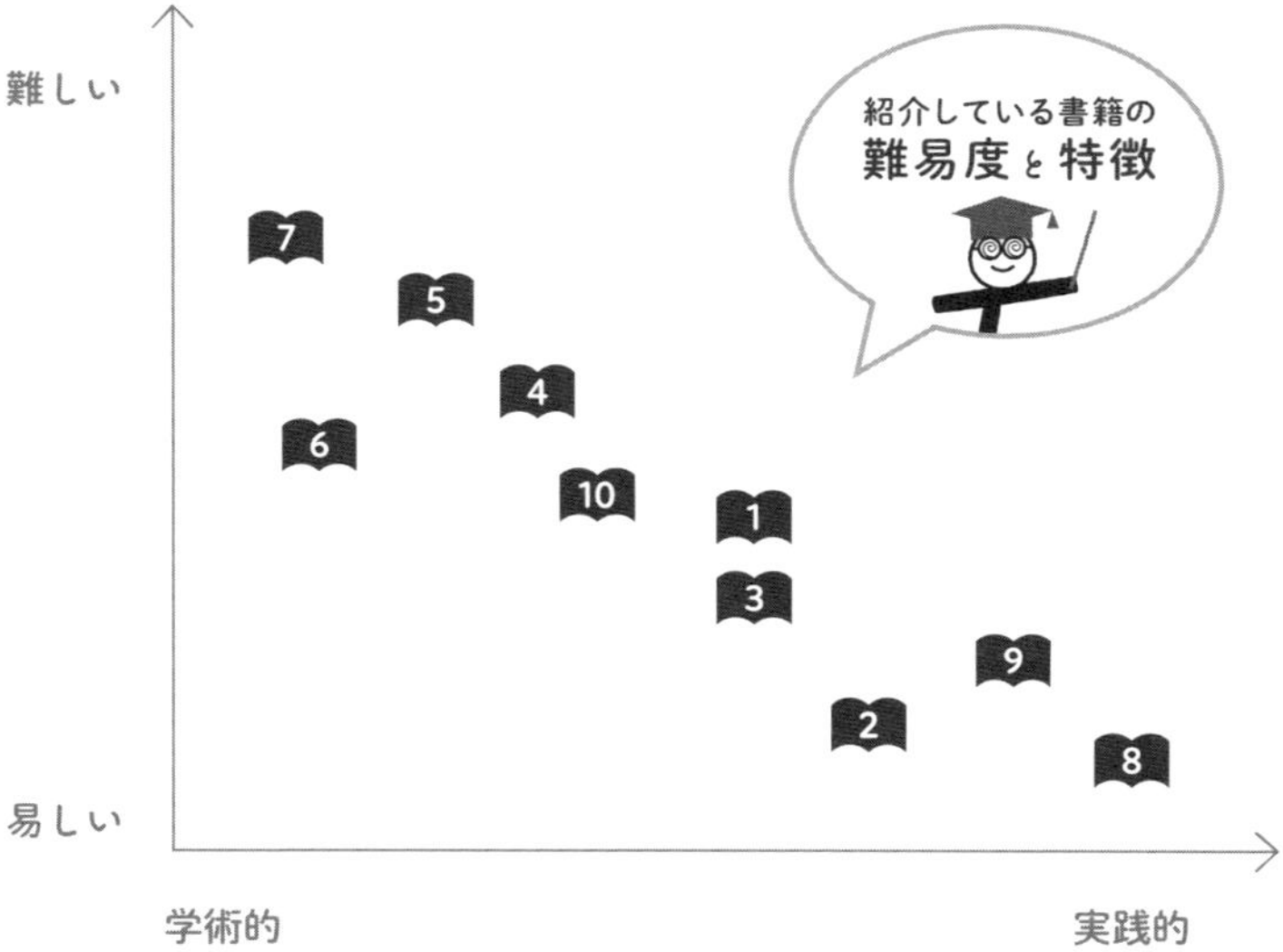

1

山崎義人・佐久間康富　編

住み継がれる集落をつくる
交流・移住・通いで生き抜く地域

2017｜学芸出版社

地方移住を含む現代社会のモビリティの高まりを踏まえて、研究者と実践者が持続可能な地域を実現するための解決策を提示した本です。地方移住や交流が主題となっており、論じる際の視点が「地域」に置かれたのが特徴です。4章や6章では移住者の受入に関する具体的な事例も示されており、集落・地域が主導した移住者受入のヒントを学ぶことができます。

2

ヴァンソン藤井由実

フランスではなぜ子育て世代が地方に移住するのか 小さな自治体に学ぶ生き残り戦略

2019｜学芸出版社

首都圏への人口流出から地方回帰の時代へと移行したフランスが、なぜ、どのように地方移住する若者や子育て世代を支援・後押ししてきたのかを丹念な取材とインタビューでまとめた本です。海外の事例を日本語で読めるものは依然として少ないため、脱日本型の移住促進を考える上でとても参考になると同時に、勇気と希望が湧いてきます。

3

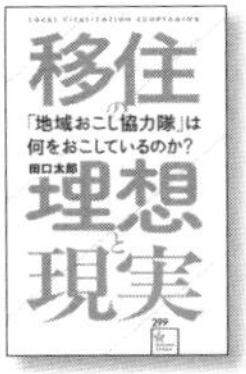

田口太郎

「地域おこし協力隊」は何をおこしているのか? 移住の理想と現実

2024｜星海社

従来の地域おこし協力隊本とは異なり、地域おこし協力隊制度の成立過程や背景、制度の目的や「そもそも、地域をおこすとは?」という問いに正面から向き合った本です。本書でも何度も指摘した地域振興や地域活性化を担う存在として期待され、理想化される「人材としての移住者」の系譜や利点、課題が丁寧に整理されています。

4

シリーズ田園回帰

農山漁村文化協会

若者世代や子育て世代を中心とする「田園回帰」と呼ばれる現象・動向について、実態や先進事例、学術的観点、海外動向などから網羅的にまとめたシリーズ。全8巻のボリュームで示される田園回帰と農山村のあるべき姿は、都市と地方農村が対立すること無く共生していくための重要な論点を私たちに教えてくれます。田園回帰の理論や歴史などがまとめられた3巻が特におすすめです。

5

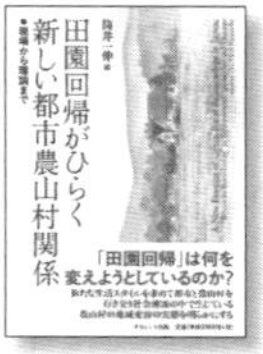

筒井一伸　編

田園回帰がひらく新しい都市農山村関係
現場から理論まで

2021｜ナカニシヤ出版

『シリーズ田園回帰』で整理された田園回帰をめぐる動向を、農山村の地域づくりの文脈と重ねて再整理・再考した上で、今後の田園回帰と地域づくりの展開を論じた1冊。序章や第1章の内容は、田園回帰の歴史や都道府県の「移住者」の定義の実態など、地方移住を考えるうえでの基礎的知識が示されています。

6

齋藤朱未・山下良平　編

移住者の実態からみる都市農村関係論

2017｜北斗書房

主に農村研究・農村計画研究を専門とする若手研究者らによる、地方移住の実態と都市農村のより良い関係を築くための未来を描いた本です。実際に移住した研究者の当事者経験に基づく論考を含む、コミュニティ・Uターン、地域おこし協力隊、移住者と農業、ネットワーク、災害などと関連した制度と現状に関する議論がまとめられています。

7

田中輝美

関係人口の社会学ー人口減少時代の地域再生

2021｜大阪大学出版会

本書でも取り上げた「関係人口」について、網羅的に解説した1冊です。国や地方自治体による地方移住促進と関係人口促進の関連性や差異についてもわかりやすく整理されています。移住促進と関係人口促進、どちらが良い悪いではなく、あなたの地域がどこを目指しているのか、どのような未来像を描くのかを意識しながら考えることが大切です。

8

田畑昇悟

「集落の教科書」のつくり方
移住者を助けるガイドブック

2022｜農山漁村文化協会

本書3-9にて、コンフリクトを防ぎ乗り越える方法として紹介した『集落の教科書』の普及に取り組む著者がまとめた、移住者を助けるガイドブックの作り方本です。『集落の教科書』の作り方はもちろんのこと、「強いルール」「ゆるいルール」「消えつつあるルール」「慣例や風習」「改善に向けて考え中」など、移住者にとって必要な情報の整理の仕方やまとめ方、伝え方が学べます。

9

小田切徳美

農山村は消滅しない

2014｜岩波書店

国や地方自治体の移住促進施策に大きな影響を与えた通称「増田レポート」に対して、過疎化や超高齢化の波が押し寄せる農山村では、地方へと向かう若者の動きが生じている＝若者世代の地方移住が農山村の消滅を防ぐことを主張した本です。長年、地方移住とそれに関連する国の政策形成に携わってきた著者の文章からは、諦めの中にある「可能性」の光を掴むヒントがあります。

10

山下祐介

地方消滅の罠
「増田レポート」と人口減少社会の正体

2014｜筑摩書房

『農山村は消滅しない』と同様に、「増田レポート」の問題点を指摘した上で、地方を守るために必要な論理と再生に向けた道筋を示した1冊。地方移住（ふるさと回帰）をめぐる動向について、事例を踏まえながら属性による違いや政策的な移住促進の問題点、気をつけるべき点を指摘しています。

おわりに

「おわりに」ということで、地方移住の枠から出た少し大きな話をさせてください。

本書は政策的に地方移住を促す取り組みを扱ってきました。PART 3を中心とする内容は、多くの地域でみられる政策が陥りがちな罠と、それを回避する方法に関するものです。例えば、過度な自治体間競争は、子育て支援やふるさと納税などをめぐる政策と関連します。移動機会の格差拡大は、観光インバウンドや関係人口、二地域居住、ワーケーションなどに取り組む政策と関連します。

現在の地域政策が直面する課題には、共通の時代背景や政治的・政策的・社会的な文脈があります。新自由主義的な政治状況と、縮小する社会を背景とした「地域間の競争や選別の高まり」、ハード型の地域政策からソフト型の地域政策に移行したことで過度に重視される「地域と関わる人々の能力や有能性」、新たな管理システムの登場と普及による「量的指標至上主義や測り過ぎ・評価し過ぎの弊害」などは、そうした課題の一例です。

これらの難題を正しく把握し乗り越えていくためのヒントこそが、本書が提案してきた「前提や常識を疑う視点」と、「フェア／公正に代表される倫理や正しさ、価値観への着目」です。複雑で不透明な課題を前に、早く最短距離での対応が求められる時代にあるときほど、「どのように」ではなく、前提となる「なぜ?」について、立ち止まって問い直すことが大切です。「いかに早く、解決方法を導き出し実践するか」「目標を設定し、いかに最短距離で到達するか」だけが、正しいアプローチではありません。本書が一度立ち止まって考えるきっかけとなり、よりフェアで持続可能な移住政策や地域政策を実現するきっかけになることを願っています。

本書の執筆にあたっては、多くの方にお世話になりました。本書の内容は筆者が大学院にて学び、研究しながら様々な地域に足を運んだ時期の蓄積を基にしています。堂免《どうめん》隆浩《たかひろ》先生や大学院ゼミの皆さんをはじめ、お世話になった多くの方々にお礼を申し上げます。また、この期間に調査に協力いただいた方の中には、筆者の力不足により成果がまとめられず、また、コロナ禍を経て十分なお礼ができずご迷惑をおかけした方も多くいます。そのことをお詫びするとともに、それらすべてが本書の基となっているため改めてお礼申し上げます。

最後に、この本が実現に至ったのは２人の方の支えがあってこそです。１人は、数年前から定期的に勉強会を行い、研究者であると同時に様々な人生の先輩として多くを教えてくださった高木超さんです。高木さんに本書の企画を相談した際、松本さんを紹介していただくことがなければ本書は実現に至りませんでした。２人目は、学芸出版社の松本優真さんです。松本さんの提案や的を射たアドバイスがなければ、学術性と現場における有用性が両立した構成に至ることはありませんでした。こころからお礼申し上げます。

２０２４年12月
伊藤将人

【著者略歴】

いとうまさと

伊藤将人

国際大学グローバル・コミュニケーション・センター研究員／講師。1996年生まれ。2019年長野大学環境ツーリズム学部卒業、2024年に一橋大学大学院社会学研究科 博士後期課程を修了。地方移住政策の成立と変遷に関する研究で博士号を取得(社会学、一橋大学)。立命館大学 衣笠総合研究機構 人文科学研究所 客員協力研究員、武蔵野大学アントレプレナーシップ研究所 客員研究員。地方移住や関係人口、観光インバウンドなど地域を超える人の移動(モビリティ)に関する研究や、持続可能なまちづくりのための研究・実践に携わる。主な論文に「地方自治体による政策的移住促進の誕生と展開―熊本県におけるUターン制度とテクノポリス構想の関連に着目して―」『国際公共経済研究』(単著、2023、奨励賞受賞)、「なぜ団塊世代の地方移住は積極的に促進されたのか―国の研究会報告書における移住促進言説の正当化／正統化戦略に着目して―」『日本地域政策研究』(単著、2023、学術賞奨励賞受賞)などがある。

数字とファクトから読み解く　地方移住プロモーション

2024年12月20日　第1版第1刷発行

伊藤将人 著

発行者　井口夏実
発行所　株式会社 学芸出版社
〒600-8216　京都市下京区木津屋橋通西洞院東入
電話075-343-0811
http://www.gakugei-pub.jp
E-mail　info@gakugei-pub.jp
編　集　松本優真
装丁・DTP　美馬智
印　刷　イチダ写真製版
製　本　新生製本

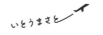